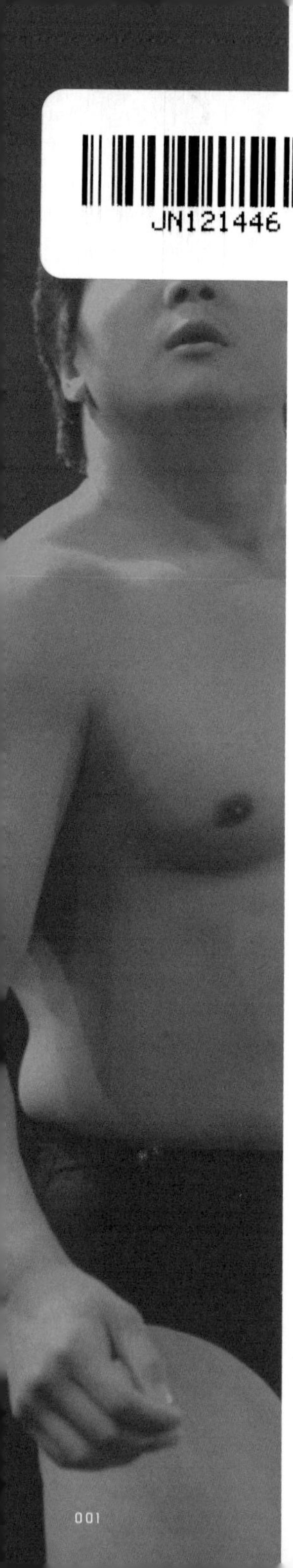

AMINOGE Nº 150

Cover PHOTO: KUNIYOSHI TAIKOU

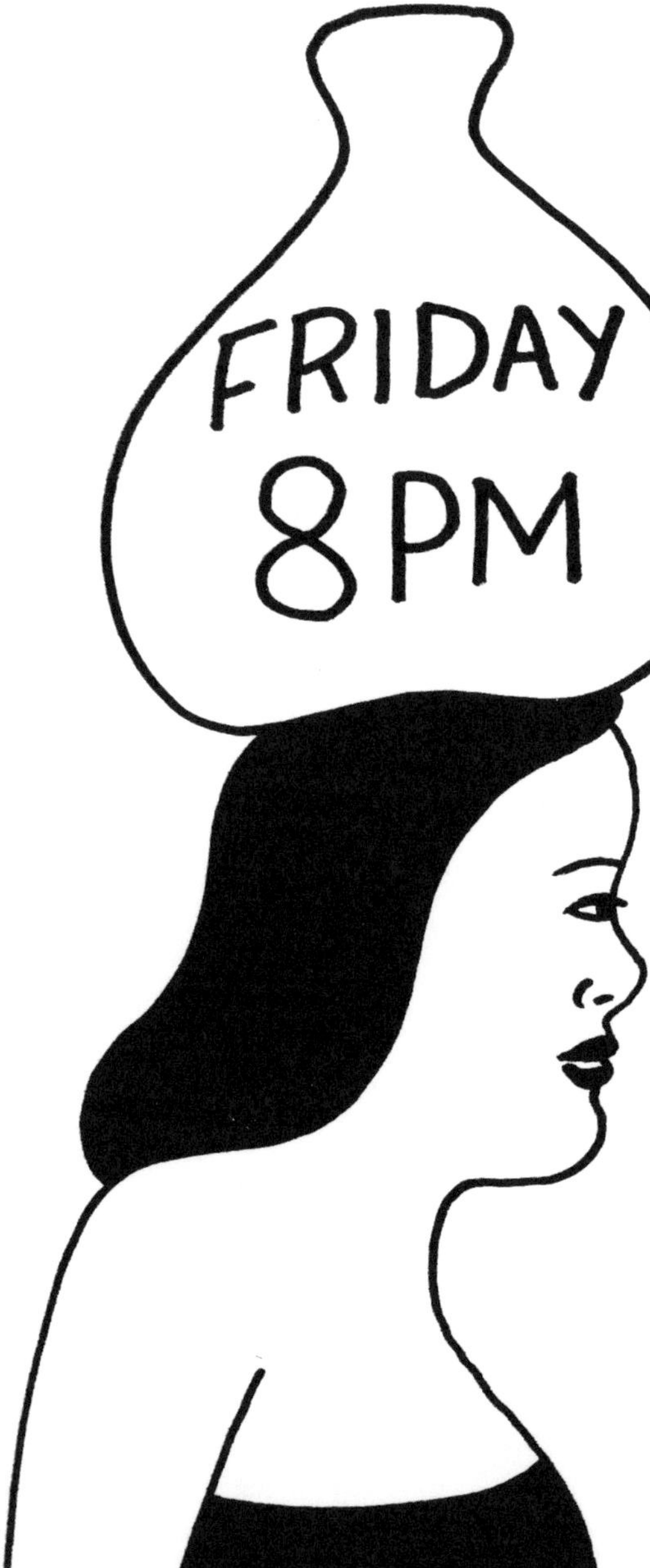
FRIDAY
8PM

俺の人生にも、一度くらい幸せなコラムがあってもいい。

PETIT KASHIMA

VOL.149

KAMINOGE COLUMN

「それがお前のやり方か」

プチ鹿島

プチ鹿島（ぷち・かしま）1970年5月23日生まれ。芸人。『教養としてのアントニオ猪木』（双葉社）好評発売中です。よろしくお願いいたします。

ここ数年、ネットニュースに対しての疑問がよく話題になる。たとえば「こたつ記事」。テレビ番組での芸能人やコメンテーターなどの発言をそのまま引用して伝える記事だ。取材をせず、こたつの中に入ったままで書けるから、そう呼ばれている。私は「こたつに入ったまま書けるから悪いんじゃない、論考や論評がないからダメなのだ」と考えている。プロレスではかつては活字プロレスと呼ばれるぐらい自由な論評があった。それらを読み、考える楽しみを学んだプロレスファンは多いだろう。

しかし論評することがめんどくさくなるとメディアはどうなるか？　どのジャンルでもそうだが「美談」やら「エモい記事」がはびこるのである。ここまでは私の実感である。すると最近読んだ『絶望からの新聞論』（地平社）にハッとさせられた記述があった。著者の南彰氏は朝日新聞に絶望を感じて退職した記者だ。南氏によるとここ数年の朝日上層部はネット上で朝日新聞が批判されることを極度に恐れていたという。一方で、デジタルの数字や反応ばかりを追いかけるようになり、記事もデジタルで読まれやすい「消費するニュース」に傾いたという。やはりそうだったのか……。

ちなみに社会学者の西田亮介氏は以前に「エモい記事」の具体例として「地元で愛された店が閉店する」「学校教員の小話」など日常描写ものの記事を挙げていた。これだと新聞社としては批判もされにくいし読みやすいのでアクセス数もよいのだと思われる。しかし報道としての価値は謎だ。私がここ数年感じていた疑問だったが、朝日の内部にいた南氏が「批判されたくない、そして数字はほしい」という新聞社の実情を書いていたので納得したのだ。こうなるとジャーナリズムって誰がやるの？　という不安も感じる。

さて新聞社のネット記事でもうひとつ厄介なのは「刺激的な見出し」だろう。これも新聞社の衰退問題と比例すると私は考えている。「紙」で稼げなくなった新聞社が、ネット（デジタル）で刺激的な見出しにしてアクセス数を稼ぐ。つい「貧すれば鈍する」という言葉を思い出してしまう。

じつは私も最近ネットニュース被害を身をもって体験した。きっかけは小池百合子都知事である。先日おこなわれた衆院補選の東京15区の告示日に、小池氏が応援で登場する乙武洋匡候補の第一声を聞きに行ったのだ。このとき小池氏は月刊誌で元側近から学歴詐称疑惑を告発されていた。その渦中、現場にはどんな聴衆がいて、どんな雰囲気なのか？　小池当人はどんな反応をするのか？　これを確認したくて行ったのだ。

すると小池氏は悠然と笑顔で手を振り、演説していたのである。ブーイングが飛んでも平然としている大物プロレスラーみたいだった。こんな凄玉を相手にメディアはどう追及していくのか？　そんな現実も考えさせられた。なのでいいものを見たと思った。やはり「人物」を直に体感することができる現場は貴重だ。

しかし想定外のこともあった。現場では聴衆だけでなく、なんと候補者からもヤジ、いや、罵声が飛んでいたのだ。他の陣営が乙武陣営の街宣カーのすぐ隣につけて拡声器を使って「演説」していた。かなりの大音量なので乙武氏や小池氏の演説がよく聞こえない。いままで街頭演説の場は陣営同士のマナーで成り立っていたのがそうではなくなっていた。一緒にこの光景を見ていたラッパーのダースレイダーとは「今後の選挙現場に影響を及ぼさないか？　民主主義にとって深刻な課題になるかもしれない」と語り合った。私たちが大好きな選挙漫遊がこのままではできなくなるという危機感もあった。

そんなときだ。現場にいた東スポWEBの記者から今日の感想を一言くださいと言われた。私は妨害した陣営に対してはスルーして話した。陣営の売名になるから嫌だったのだ。小池氏の大物ヒール然とした振る舞いについて話した。しかしネットニュースの見出しになったのは次のものだった。

『乙武洋匡＆小池都知事にヤジ殺到！　プチ鹿島＆ダースレイダー「これが見たかった」』（東スポWEB）

記事を読むと拡声器を使う候補者の罵声も「ヤジ」と入れていた。なので私たちが妨害行為を喜んでいるようにも読めた。それは違う。何度も言うが小池氏の振る舞いを見たかったのである。しかし東スポはわざと雑にまとめた。ネットでは当然ながら「誤読」して私たちを批判する人もいた。本当に悔しかった。

そんななか選挙戦最終日に現場に行くと東スポの記者がいた。私はさっそく彼に話しかけ「ああいう見出しはありなんですか？」と問うた。「それがお前のやり方か」と小川直也に詰め寄った長州力を意識した。私たちはあんなことは言っていない、音源を確認すればハッキリすると。すると記者は音源を確認し、見出しも本文も修正してくれて謝罪した。

今回学んだのはネットニュースのやりたい放題に対しては自分たちで可視化し、ネタにしていくしかないということだ。「それがお前のやり方か」はまだ有効だったのである。

150号？

(吉田光雄)

長州力

KAMINOGE LISTEN TO POWER HALL

長州さんのおかげで150号！
だが人生を謳歌しているように見えて、
いま革命戦士は時代に
息苦しさを感じている!!

収録日：2024年5月14日
撮影：タイコウクニヨシ
聞き手：井上崇宏

「これからの人生はもう自分のことと
家族のことしか考えることはない。
だからおまえらは他人に変な期待を
乗せるのは堪忍してくれ。
マジでそんな考えはやめたほうがいい。
だったらおまえが革命を起こせ」

「いまの時代は生活が不便すぎる。スーパーに行ったら、みんな俺の顔を見てニヤニヤしてるしな」

——長州さん、『KAMINOGE』が150号を迎えてしまいました。

長州　あ？　歯を入れたほうがいい？

——はい？　歯ですか？

長州　俺、ここの下の前歯、全部差し歯なんだよ。あっ、差してないからいまはないけど。

——なるほど。では今日は入れていただいてもいいでしょうか？

長州　よしっ、入れておこう！（ズボッ）。山本くん、わりとひさしぶりだけど最近は毎日なにやってるの？

※あらためて説明しよう。長州さんは長年、聞き手の井上のことをどこでどう間違えたのか、ずっと〝山本〟と呼んでいるのだ！『KAMINOGE』創刊前からだから、もう15年近くも!!

——もう日々、ひとりで悶々としていますね。

長州　えっ！　ひとりで？　家族はいないのか？

——家族はいますね（笑）。独り身でひとり悶々としているのと、家族がいるのにひとり悶々とするのは、どっちがいいんでしょうか？

長州　う〜〜〜ん……。まあ、後者はちょっとキツいだろうな。やっぱり、いくら喧嘩をしてても家族とは一緒にいたほうがいいよ。

——いえ、まったく喧嘩はしていないんですが。

長州　で、『KAMINOGE』がなに？　さっき、なんか言っただろ。

——あっ、今回で150号目となります。

長州　150。それがなに？　長く続いていますっていう自慢？

——そんな言い方やめてください。まあ、正直ちょっとがんばっているなあという気はしています。

長州　あ？　そんなの言ったら、王（貞治）さんなんて756号じゃん。最終800号以上ホームランを打ってんじゃん。『KAMINOGE』なんて全部ファウルだろ。ファウルが100本で、振り逃げが50回みたいなもんじゃん。

——長州さんは、あいかわらずたとえ話が全打席ホームランですね。

長州　おっと？　そうやって、すぐに機嫌を損ねるな。

——このあいだロッシー小川さんが言ってたんですけど、来年2025年は昭和100年にあたるらしいんですよ。

長州 ロッシー小川？　プロレスの方？

——はい。プロレスラーではないですけど、プロレスの方ですね。

長州 ふうん。昭和100年って、べつに気にもしていなかったな。山本くんは何年生まれ？

——ボクは昭和47年です。いま52ですね。

長州 えっ！　もうそんなになるのか！（爆笑）。（マネージャーの谷口氏に向かって）おいおい、谷やんはいまいくつだ？

谷口 ボクは55になりました。

長州 55……（絶句）。おまえら、よくもまあそんな歳でこんな……（笑）。あんま演歌とか聴かないよね？

谷口 昭和の50代ではないですからね（笑）。

——長州さんは孤独を感じることってありますか？

長州 もう毎日感じてる。

——常に「俺は孤独だな」って思うんですか？

長州 孤独でしんどいよ。俺のほうが悶々としてるよ。なんかいまの時代は生活が不便じゃん。熱海の家にいるときは家族がいるからいいけど、こうして東京で仕事があるときは、ここの仕事場にひとりじゃん。そうしたら腹が減ったら、自分で何か買いに行ったりとかしなきゃいけないし。まあ、近くにスーパーがあるからまだいいけど、なんかみんな俺の顔を見てニヤニヤしてるしな。

——それは長州さんをスーパーとかで見かけると嬉しいんですよ。

長州 いや、俺は万引きGメンなんじゃないかと思ってる。「長州がなんか万引きするんじゃないか？」っていう意味の含み笑いに見えるな。不便すぎる。

「本を150冊作ったっていうのは記念になるの？　ホテルオークラでパーティーをやったらいいじゃん」

——万引きGメンはニヤニヤしていないですよ。

長州 まあ、俺はちゃんと買った物はレジを通すから、何もうしろめたいことはない。とにかく、いまの世間は俺にとっては動きづらいものがあるよな。動きづらいというか、やりづらいというか。どこに行ってもクレジットカードじゃん。

——キャッシュレスの時代ですからね。

長州 そのカードのシステムがあまりにもよくわからんから、何回も何回も突っ込むことになる。それでなんとか突っ込んだと思ったら、今度は「どこどこを押してください」って言ってきやがる。俺は目が悪いから画面がよく見えないし、何を求められているのかがよくわかんないんだよ。領収書がほしくても、ボタンを押し忘れて取りそびれることがあるし。

――難儀ですね。

長州　難儀。タクシーの領収書だってな、いまのは本当にめちゃめちゃ長いよな。トイレットペーパーぐらい長いじゃん。

――どこのタクシー会社ですか!?（笑）。

長州　いや、あまりにも長すぎるだろ。キャッシュレスって言ったって、それで時間が短縮できているとは到底思えない。挙げ句、タクシーの運転手さんが俺と同じ世代くらいの人だったらもう地獄だぞ。「あれ？　ちょっと待ってください。あれ、あれ……？」って運転手さんが領収書を出すのに2、3分かかってんだよ。俺も助けてあげたいなと思うけど、ふたりして物がよく見えないんだから。俺の場合はしょっちゅうタクシーに乗ってるんだけど、まあ、運転手さんはみんな俺と同じ年寄りばっかだよね。こっちは多忙なのに、そこで時間のロスが生まれ過ぎる。もう多忙すぎて、いまの俺にとっては新幹線が宿みたいなもんなんだから。

――品川－熱海って40分くらいですよね？

長州　まあ、いまのはおおげさに言いすぎた。そこまで多忙というわけでもない。いまのは書くなよ？　で、本を150冊作ったっていうのは記念になるの？

――まあ、ただキリのいい数字というだけなんですが。

長州　そうやって照れるな。胸を張れ。ホテルオークラでパーティーをやったらいいじゃん。

――それ、いいですね！（笑）。もしやったら、長州さんも出席してくださいますよね？

長州　あ？　会費を取らないのであれば、まあ、行ってやらないこともない。

――会費なしですか。あっ、長州さんがパーティーの発起人になっていただいてもいいですか？

長州　いや、頼むから俺は入れ込むな。あっ！　坂口（征二）さんに発起人を頼んだらいいじゃん。

――えっ、坂口さんにですか？

長州　坂口さんって、どこでもなんでも発起人として名を連ねてるイメージない？

――たしかに「発起人 坂口征二」って字面をよく見かけますね！（笑）。でも坂口さんは『ＫＡＭＩＮＯＧＥ』に出ていただいたことがないんですよ。

長州　坂口さんにはそんなの関係ないよ。発起人のプロなんだから。でも前にさ、俺たちが尾山台の居酒屋で飲んでるとき、坂口さんの家族とばったり会ったじゃん。そんときに坂口さんが「いまのプロレス界には物申したいことだらけだ」とか言ってて、山本くんと取材の約束をしてなかったか？

――いや、そうなんですよ。それで後日、すぐに新日本に取材の申請を出したんですけど、そうしたら「そんな、俺なんかじゃなくて現役の若いヤツらを取り上げてやってくれよ」

と言って断られたんですよ（笑）。

長州　さすがプロの発起人だな。やっぱりあの人が『ＫＡＭＩＮＯＧＥ』のパーティーの発起人にふさわしいよ。言ってみ？　たぶん受けてくれると思うよ。

——試しにお願いしてみるのはありかもしれませんね。

長州　おまえ、間違ってもアキラ（前田日明）に頼んだりするなよ？　アキラは坂口さんと違って、本当になんでもすぐに物申すからな。

「夫婦間のボーダーラインを越えた先？ えっ、マジで聞きたい？ ショックを受けるなよ？」

——わかりました。

長州　お祝いのスピーチがヘイトスピーチになるぞ。ところで最近、夜は何をやってるの？

——あっ、最近はけっこう早く家に帰るようになったんですよ。早くと言っても22時くらいですけど。

長州　その時間だと家で食事はしないだろ？

——そうですね。まあ、最初からボクのぶんは作られていないので。

長州　そりゃそうだよ。あっ、家のなかに自販機を置けばいいじゃん。自分が食いたいものとか飲みたいものだけが入ってる自販機があったらラクじゃん。

——でも、仕入れや補充も自分でやるんですよね（笑）。

長州　そりゃそうだよ。電気代もめっちゃかかるだろうな。あっ、やっぱこれ書くなよ？　なんか馬鹿っぽいから。でも、山本くん。意外と夫婦間のボーダーラインを越えると楽しいもんだよ。

——夫婦間のボーダーラインですか？

長州　そう。

——そのボーダーラインを越えた先には何があるんですか？

長州　バカッ！　そんなの俺が見えるわけねえだろ（笑）。

——えっ！　でも長州さんはもう越えられているわけですよね？

長州　もう越えてはいるだろ。えっ、マジで聞きたい？　ショックを受けるなよ？　そのボーダーラインを越えたらな、なんにも見えない。真っ暗闇。

——さっき、「越えたら楽しい」っておっしゃっていたのに。

長州　いや、なんにも見えないんだけど、かすかに竜宮城が見えるんだよ（※長州用語で竜宮城＝キャバクラ）。

——かすかに竜宮城が見える!?（笑）。

長州　そのかすかに見える竜宮城の光だけが生きる望みだよね。それで浜辺で待ってると、「おー、カメが迎えに来てくれたかー」って、そのカメに乗って。

——長州さん、なんかそれ嫌です、ボク（笑）。

長州　なんで嫌なんだよ（笑）。ウミガメはな、現金もクレジットカードも必要ない。乗るか乗らないかもこっちの一存だからキャンセルもできるし。本当だぞ？

――いや、ウソでしょ、全部!!（笑）。

長州　とにかくおそろしい時代だよ。だから俺はしんどいんだ。もう道場に行って、汗を流して帰ってくるだけ。夜は飲みにも行かない。まず、人と電話をしあって「これから会おう」とか、そういう言葉がまったく出ないからな。

――でも長州さんのまわりの人たちは、長州さんと会いたいわけですよね？

長州　まあ、たまに電話はかかってくるよ。でも、もう俺は体調がしんどい。特に腰が。

――いつも腰と首をちょっとつらそうにされていますよね。内臓はなんともなく丈夫そうですけど。

長州　なんともなくって、おまえ、医者じゃあるまいに何がわかるんだよ？　急にそんなことを言うけど、おまえには俺がどう見えてるんだ？

――べつに臓器が透けて見えているわけではないです。

長州　まあ、首と腰は常に悪いよな。ずっと痛い。

――その痛みとは、もう死ぬまで付き合う感じですか。

長州　だろうな。いや、おまえ、「死ぬ」とか言うなよ。「亡くなる」だろ。「お亡くなりになるまでお付き合いをされる

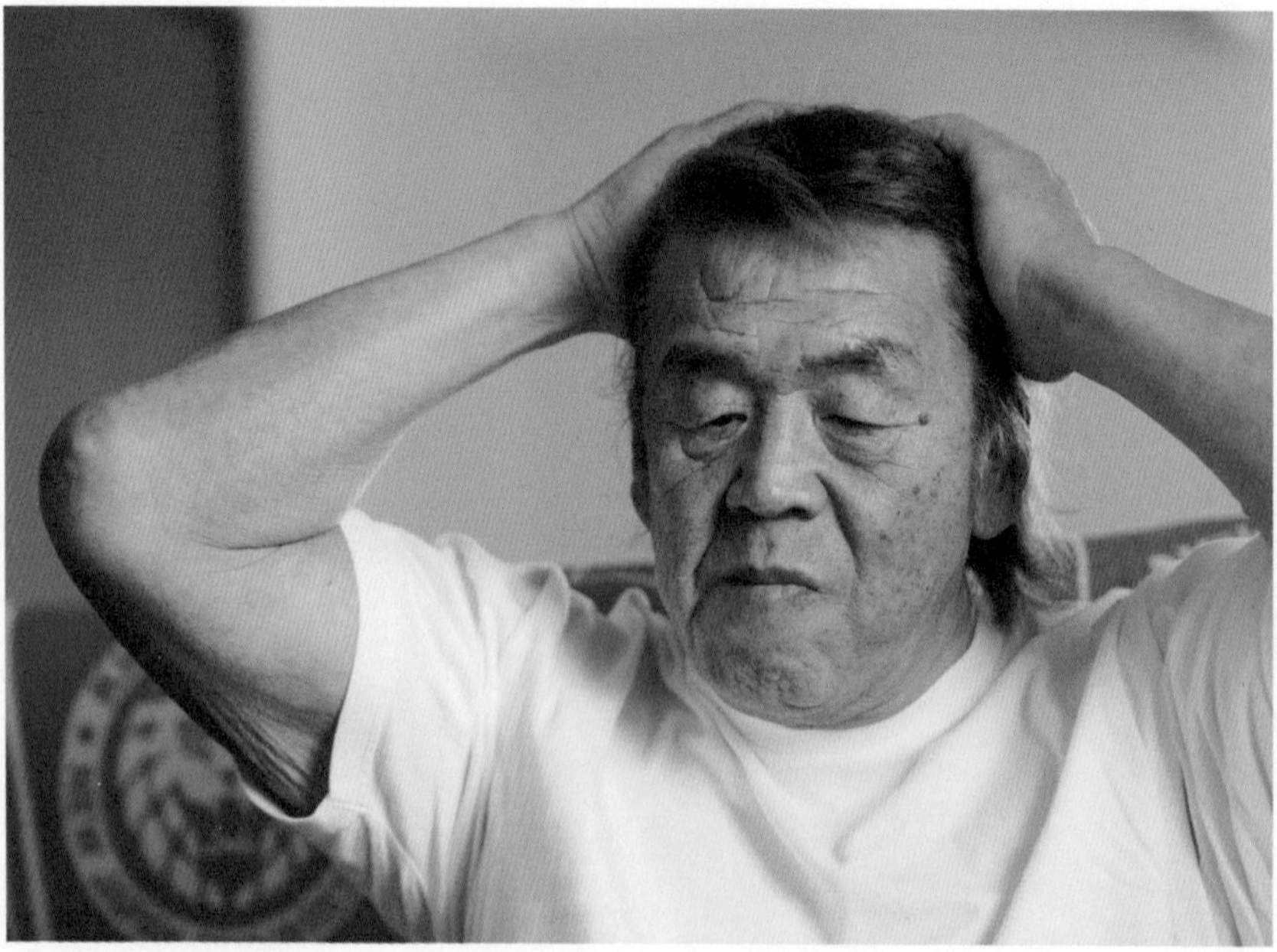

おつもりですか？」って聞け。

——すみません。でも長州さんはマメに健康診断に行かれているみたいですね？

長州　まあ、月1回ね。レントゲンとかMRIとか。でも自分の不調な部分が回復していってるのか、俺にはその兆候があまり感じられない。だから、もう一度アレだよな。「生まれ変わらせてくれないかな」って思うよな。そうしたら今度は「こういう具合に体調をキープして」って最初からわかってるじゃん。やっぱり俺はガキの頃から身体を動かしっぱなしだから、そりゃ負担が来るよね。

——だいぶ酷使されてきたでしょうから、ガタが来ていてあたりまえというか。

長州　ガッタガタ。だからみんな、人が死んだらよく言うじゃん。「この人は後悔しないで逝ったよ」とか。他人に何がわかるんだって。俺はもう1回、生まれ変わらせてくれるなら、そのときは後悔しないように生きて、逝ってやるよ。

「もしも竜宮城で倒れて、俺の死に際に家族が間に合わなかったりしたらどうするんだ……」

——もし生まれ変わったら、次は何をやるつもりですか？

長州　俺の場合はたぶんどっかの仏門に入って修行するよ。阿闍梨さんみたいに日本全国を杖を持って歩いて。バカッ、冗談だよ！（笑）。

——まったくおもしろくない冗談でしたね（笑）。

長州　べつにおまえを笑わそうと思って冗談を言ってるわけじゃない。誤解するなよ？　最近はテレビを観たって、あんまりおもしろいものもないけど、所ジョージさんのアレはおもしろいな。『ポツンと一軒家』。

——あー。何度か観たことあります。

長州　あんなにポツンと……。人里離れてるっていうのはどこも同じだけど、一軒家は千差万別だよ。まああっていうのもあるし、この家は凄いなっていうのもあるし。山のなかのすっごいところに入って行ったら、そこにポツンと……。本当に人が誰もいないんだよな。で、俺が不思議でしょうがないのは、昔からある家がクルマも入れないようなところにあって、歩いてたどり着くには何時間もかかるような場所なのに、なぜか窓ガラスとかがついてある。

——どうやってそんなところに運搬されたのか。

長州　俺はそういう具合に考えちゃうんだよ。窓はガラスなんだよ。どうやって運んでるんだ？　いや、この話はやめよう。ナスカの地上絵まで話が及んでしまう。

——大掛かりになりますね。

長州　俺はいつもそういうつまんないことをひとりで考えて

るんだよ。最近は人としゃべるのもおっくうだから。どんどんどんどん、ほら、しゃべりがさ、まわんないから。

——うまく言葉が出てこなくて、もどかしい感じですか？

長州　もどかしい。さっきも言ったようにクレジットカードの便利さもよくわかっていないから、すべてがもどかしい。まあ、もう、そろそろこのへんだろうと思ってるよ。

——えっ、それはお仕事の話ですか？

長州　うん。このへんで、あとはもうゆっくりとのんびりと負担をかけないように生きていけたら。いや、これは真面目にそう思ってる。仕事をやりっぱなしはどこで倒れるかもわかんないし。そう考えると、やっぱり家族だったり身内とかがそばにいてくれたら安心するよな。だから俺はウミガメには乗らないんだよ。

——竜宮城には行かないと。

長州　もしも竜宮城で倒れて、俺の死に際に家族が間に合わなかったりしたら……。まあ、間に合ったところでべつになんだろうけど。

——長州さんはプロレスを引退したあともずっとお仕事をされていて、ここまで止まったことがないじゃないですか。

長州　まあ、止まったら一気に終わりがくるんじゃないか、っていうのはあるよな。でも昭和、平成、令和と時代が変わっていくじゃん。「まさかここまでのことが起きるとは」っていうのは、その時代時代であったけど、いまはもっと怖いじゃん。はした金で雇われて面識もない人を殺す世の中って、俺の年齢ではもういまがピークの状態。怖い。俺がこの仕事場でひとりで寝るのと、熱海に帰って家族と寝るのとじゃ、まったく安心感が違うもんね。やっぱり歳を取ったらみんなそばにいて、何かあったら助け合わなきゃいけない。だから、口うるさいぐらいにドアとかにロックをかけろって言うし。そういうのはあるぞ。

——緊張しながら生活をしているというか。

長州　もう生きるのにも緊張感が必要じゃん。気楽には生きられない。たとえば、どっかで酔っぱらって喧嘩になってさ、それでさらわれてどうこうっていうんだったらわかるけど。いやいや、わかんない！　それでもおかしいよな。ああいうのは相当に厳しい重罪をかけないと。俺がやった悪さなんて、小学校、中学校のときにたまに道端に落ちてた小銭を拾って、それを交番に届けなかったくらいのもんだよ。「やった、儲かった！」って。いまはもう凄いよな。悪さが飛び抜けてる。まあ、政治も悪いよ。ただ、政治がよかったら国がよくなるか、国民が何も悪さをしないのか？　それはわかんない。すぐに80、90歳の年寄りを騙して金を奪い取りやがる。そうして生きづらい、動きづらい世の中を作り出したよな。まあ、人口も減ってきて、昭和生まれもこれからいなくなる

し、もうそのうちアレだよ、政治家どもは誰にも信用されなくなってくるよ。もう年金なんて支えられないのは明白じゃん。

「金はほぼ必要ない。ちょっとだけあればいいというか、クレジットカードの明細も家内に管理されてるし……」

——「年金制度が完全に破綻しました。支給できません」っていうとき、誰がどんな顔をして言うんですかね？

長州　いま、その2、3歩手前までもう来てるよな。年金は間違いなく破綻する。だから、なんか投資をやったほうがいいのかとか思わないでもないけど、俺がＮＩＳＡの仕組みが理解できるとも思えない。ちょっとエサを撒かれてるんじゃないかっていう気もするし、そのエサに食いついてしまったらまたいろいろと問題が起きるんじゃないかとか。だから日本はタンス預金が多いんだろうな。

——いまの円安は、新ＮＩＳＡが助長していると言われていますよね。

長州　そんな、新日本みたいに言うな。じゃあ、馬場さんは全ＮＩＳＡか？　いまはもう60、70ぐらいでも、いくらがんばって貯金していても半端じゃないくらいに持ってるかっていうとそうじゃない。そこのところまで考えないとこの先は

進まないぞ。たとえ大変な思いをしてがんばって、「1000万、2000万貯まりました」って言ったって、昭和のときの1000万、2000万とは価値が違うじゃん。「おまえ、退職して1000万も貯金があるの!?」って、そんな昭和の考えじゃ間に合わないだろ。いまのプロレスラーとかどうすんのかね？　俺が言ってもアレだろうけど、やっぱり好きでハタチで入ってきて、でも30代ぐらいになったら先を見て、見切りをつけるようなことを考えなきゃいけないんじゃないのかね？

——第二に人生を早くから考えたほうがいいと。

長州　たぶんね、プロレスの世界って「いくつまでやる」っていう見切りを考えることは、選手は誰も思っていないよな。結婚して家庭を持ってから少し自覚するようにはなるけど、ほとんど考えていない。でも生涯現役でやっていけるのはごく一握りなんだから、その一握り以外は見切りっていうのはつけておかないと。それか、世の中が変わっているんだから、会社も選手に対していろんな保障をするべきなんじゃないのかね？　ただ、保障できるだけのものが会社の利益であがっているのか、あがっていないのかは知らない。いまの選手たちが同楽でやっているのか、やっていないのかもわからないけど、本当に通過点にしないと。いまふと思ったけど、坂口さんみたいなちゃんと社会的に信用のある、クリーンな人が総理大臣をやったらよかったよな。あの人は綺麗だからな。まあ、背中に荒鷲のモンモンが入ってるけど。

——長州さん、あれはガウンです。肌には入ってないです(笑)。

長州　猪木さんは猪木さんで背中に「闘魂」ってモンモンを入れてたし。

——あれもガウンです。

長州　あのな、明治・大正だったら、政治家だろうか、家系のなかに本職がいたりしても、それがあたりまえだったからな。山本くん、もうそのぐらいの歳になったら人間関係も変わってきただろ？

——あっ、それは最近よく感じています。

長州　そうだろ？　前だったら1週間に2回も3回も会って、軽くメシを食うぐらいの仲間がいたじゃん。まあ、それは自分が元気で歩けて行けるから、そういう対応ができて、すぐに時間を作って過ごすときがあったけど、それからここまであっという間だったろ？　もう50過ぎてるんだぞ、おまえ。

——フィジカルが原因なのかわからないですけど、前よりもお互いに仲間意識みたいなのものが薄れてきた気がします。

長州　俺、自分から電話して「会おう」とかっていうのはもうほぼないな。

——いま、長州さんのお仕事のモチベーションってなんなんですか？　家族に少しでも多く残すってことですか？

長州　まあ、家族が困らないようにしておこうっていう。それだけじゃないか？　家内も俺と同じような考えを持っていて、娘たちに残そうと思ってるんじゃないの。

——長州さん自身はそんなにお金を使わないですもんね。

長州　ほぼ必要ないな。ちょっとだけあればいいというか、クレジットカードの明細も家内に管理されてるし……。

「おまえは気づいてないかもしんないけど、俺いま、めちゃくちゃ五月病だからな。これ書くなよ？」

——だから竜宮城に行っていないという説もありますね。

長州　バカッ！　とぼけたことを言うな。しかし、あの政治家どもはなんであんなにお金が必要なんだろうな？　最初はアイツら、「国民のためにがんばりたいと思っています」ってみんな言ってたじゃん。マジで国民のためにがんばってくれりゃいいだけの話じゃん。がんばる気がないなら、最初から「がんばりません」って言って選挙戦を闘い抜けよ。俺はプロレスの世界に入ったときから辞めるまで、「ファンの皆様のためにがんばります」って言わなかったぞ。

——たしかに聞いたことがないですね。

長州　あ？　まあ、それでもよく練習はしたよな。自分でもそう思うよ。まあ、練習すればいいってもんでもないだろうけど、その負担がいまのしかかってきてやがる。でも、みんな求めてるものは個々で違うけど、俺はプロレスだけで終わっていたら、もの凄く後悔の多い人生だったんじゃないかな。かと言って、いまも毎日「ああ、今日もがんばらねえと……」ってなんとか腰を上げている状態だけど。だけど、しんどいのはみんな一緒だろうし、まあ、山本くんも60過ぎたら家族に自慢できるよ、自分の存在というものを。

——あっ、そういうものですか？

長州　たぶんな。自慢できるよ。俺はよく言うけど、家族が崩壊したら絶対に終わる。崩壊したら不安とさびしさを感じながら生きていくことになる。だからもう、いまからなるべく遭難しないように、少しでも歩ける道を選んで歩いて行ったほうがいい。昔みたいに、あえてとんでもない崖っぷちを選ぶようなことをやってたらとんでもないよ。

——でも長州さん、それはちょっとズルいじゃないですか。

長州　なんでズルいんだ？

——ずっとやりたいように生きてきて、これからは安全運転って。ずっと暴君をまっとうしてくださいよ（笑）。

長州　バカッ。おまえ、終わってんな（笑）。俺の何がわかって「暴君だ」なんて言うんだ？　そうやって他人に変な期待を乗せるのは堪忍してくれ。マジでそんな考えはやめたほうがいいよ。おまえはまだ元気だからそんなことを言えるんであって、だったら、おまえが革命を起こせ。

——た、たしかにそうですね……。革命を起こせる自信がまったくないです……。

長州　俺はもう自分のことと家族のことしか考えることはない。それ以外は何も考えなくていいんじゃないかなと思う。あとどう生きたって10年、20年ぐらいだろ。あっという間だよ。これまでもあっという間だったし、このあいだまで俺はまだ自分が中学生ぐらいの感覚だったからな。寝て起きたら、ヤバい、そろそろ学生服を着て学校に行かなきゃって思うときもよくあったし。

——現役プロレスラー時代じゃなくて、中学生気分だったっていうのは凄いですね。

長州　こっからもめちゃめちゃ早いんじゃないの？　もう5月だぞ。

——2024年ということで言えばそうですね。

長州　もう5月だぞ、おまえ。気づいてないかもしんないけど、俺いま、めちゃくちゃ五月病だからな。これ書くなよ？　パパラッチどもが「長州力、重病」とか言って大変なことになるから。

——長州さん、死後の世界ってあるんですか？

長州　なぜそれを俺に聞く？

——いや、みなさんそれぞれの考えがありますけど、長州さんはどう思っているのかなと。

長州　まさにみんなそれぞれの考えだよ。俺が思うのは、死んだら〝無〟だろ。

——やっぱり、死んだ時点でおしまいですよね？

長州　うん。違うの？　終わってしゃぼん玉みたいに破裂してパッと消えるんだよ。それでTHE END。みんな死後の世界があればいいなあと思ってるのかね？　そこでいい思いをするために最後までがんばって生きようっていう？　んなわきゃないよ、NISAじゃあるまいし（意味不明）。

長州力（ちょうしゅう・りき）
1951年12月3日生まれ、山口県徳山市（現・周南市）出身。元プロレスラー。専修大学レスリング部時代にミュンヘンオリンピックに出場。1974年に新日本プロレスに入団し、同年8月にデビューを果たす。1977年にリングネームを長州力に改名。メキシコ遠征後の1982年に藤波辰爾への噛ませ犬発言で一躍ブレイクを果たし、以後、"革命戦士"のニックネームと共に日本プロレス界の中心選手となっていく。藤波との名勝負数え唄や、ジャパンプロレス設立からの全日本プロレス参戦、さらに新日本へのUターン、Uインターとの対抗戦など、常にプロレス界の話題のど真ん中を陣取り続けた。2019年6月26日、後楽園ホールで現役ラストマッチをおこなった。

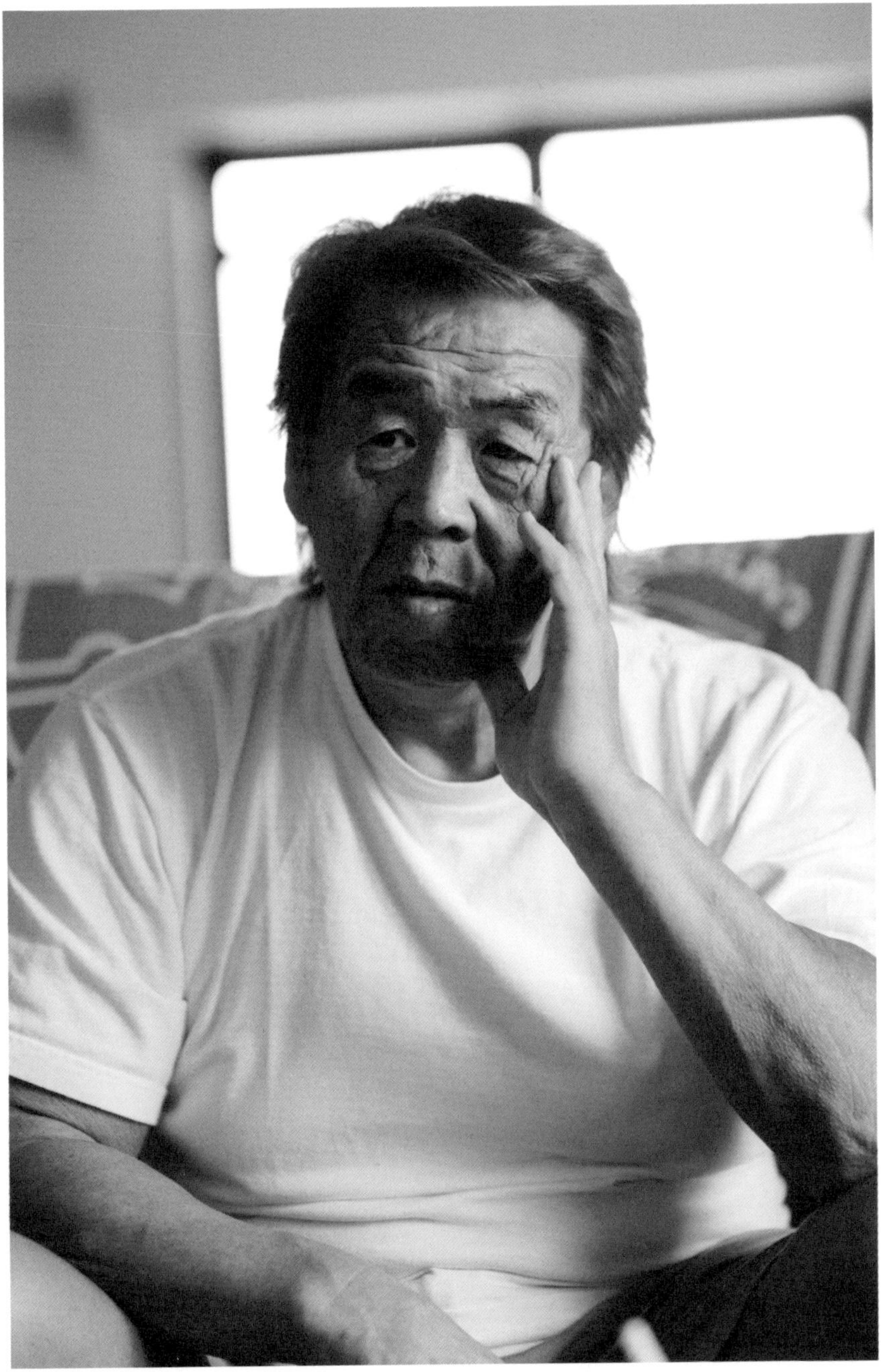

バッファロー吾郎Aのきむコロ列伝!!

Buffalo GoroA

第149回 五月の風

エレファントカシマシの『四月の風』という曲が大好きで、いままで何度もこの曲に元気をもらった。以前NHKのラジオ番組にゲスト出演したときに『四月の風』をリクエストして選曲理由を語ったあとにあらためてメインパーソナリティのアナウンサーさんが曲を紹介してくれたのだが、そのときの『エレファントカシマシ』の発音に違和感があったので曲が流れているあいだに、

「エレファントカシマシさんの名前の発音がおかしくないですか?」

　と思い切って聞いてみると、

「メンバーのみなさんもファンの方々もこの発音なんですよ。ご本人たちの発音が正しい発音になるのでその発音で言わないといけないんです」

「でもそんな聞き慣れない発音をどうやって覚えたんですか?」

「ファンの方のHPに発音の覚え方が載っていたので、それを試したら一発で覚えられました。発音の仕方は『アンメルツヨコヨコ』と同じだそうです」

　スグに試してみたら私も一発で言えた。アナウンサーというお仕事はいろいろ気をつけなくてはいけないことがあって大変だなと思った。エレファントカシマシさんの発音の仕方は大事だが、私にとってこのコラムも大事だ。

『四月の風』は不朽の名作だが、自然現象の「風」に関して言えば私は四月より五月の風が好きだ。五月のほうが四月より気温が高いはずなのに風が少し冷たい気がする。

　五月の風といえば忘れられない出来事がある。

　まだ大阪に住んでいたある夕方、風呂に入っているあいだにカミさん（初代）は夕飯の買い物に出かけたようで風呂から上がって部屋に戻ると私ひとり。網戸から入ってくる風が心地良く、ふと外を見ると夕焼けがとても綺麗で私は思わず生まれたままの姿でベランダに出た。

　春の夕風は少し冷たかったが、それが風呂上がりにはちょうどよく、夕空の下で生

バッファロー吾郎A

バッファロー吾郎A/本名・木村明浩（きむら・あきひろ）1970年11月24日生まれ/お笑いコンビ『バッファロー吾郎』のツッコミ担当/2008年『キング・オブ・コント』優勝

まれたままの姿でいる解放感と相まって幸せな気分に包まれながら大阪の街を眺めていると、JR大阪環状線が高架を走って行く。電車からは望遠鏡でもない限り私の裸が見えるわけないし、ベランダの外壁で下半身は隠れているから絶対安全なのになぜか恥ずかしい。それなのにこの場から離れたくないというジレンマに陥っていると風呂から上がって一滴も水分を摂っていなかったので喉が渇いてきた。でも私は冷蔵庫のほうには行かず心地良いこの場所にいることを選んだ。環状線を2~3本見送った頃、さらに喉が渇いてきたので私は喉の渇きを誤魔化すためになぜか右人差し指で左の乳首を触った。その瞬間、自分のなかの何かが弾けた。

乳首を触って性的な気持ちよさを感じたのはこのときが初めてだった。それからは景色を見ているようで見ていない。聞こえるのは電車が通りすぎる音だけでそれ以外は聞こえない。水のなかに潜っているのに呼吸ができるようなそんな不思議な感覚。このとき私は嫌なことや辛いことだけでなく、嬉しかったことや楽しかったことも全部忘れていた。そこはまさしく『無の世界』。ひとつの生物がただ風に吹かれているだけ。人はこれを『悟り』と呼ぶのかもしれない。そんな世界を彷徨っていると突然、

「何してんの!」

という買い物帰りのカミさんの怒号で私は一気に現実世界に引き戻され、振り返るとスーパーのレジ袋をぶらさげたカミさんが変質者を見るような目で私を睨んでいた。

「違うって。俺は悟りを開いたんや」

「そんなんええからもうやめて!」

このとき私は加藤鷹さんの『女性が本気で嫌がっているときは〝やめて〟と言う』という言葉を思い出して部屋に戻りパンツを履いた。このとき以来、私は女性に「やめて」と言われると一瞬身体が硬直するようになってしまった。

閑話休題。後日、友達や仕事仲間にこのときの感覚を説明したが誰にも共感を得られなかったし、カミさんがいないときに何度か同じ状況を再現してみたが、風が違うせいかあのときの感覚にはならなかった。

ボブ・ディランの名曲『風に吹かれて』に〝答えは風に舞っている〟という訳詞がある。ボブ・ディランなら私のあのときの感覚をわかってくれるかもしれないと思いながら十余年が経った頃、予想外の方があのときの感覚を解説してくれた。

「木村くん、〝ととのう〟って知ってる?」

昨今のサウナブームの火付け役である漫画家のタナカカツキさんだった。カツキさんは私にサウナでの「ととのう」という意味やプロセスをわかりやすく解説してくれた。サウナでの「ととのう」とは一種のトランス状態(通常とは異なった意識状態)になることで、サウナ→水風呂→外気浴を何度か繰り返すことで体内の血流に変化が生じて「ととのう」という状態になることがあるらしい。私は思い切ってカツキさんに五月の風の話をすると、

「当時は〝ととのう〟って言葉はなかったけど、それはたぶんととのったんやと思うよ。乳首はようわからんけど」

私は風呂(サウナ)→乳首でととのったことになる。私の浴)→ベランダ(外気乳首はもしかしたらやる気スイッチならぬ『ととのいスイッチ』なのかもしれない。

KAMINOGE COLUMN

HENTAIZADANKAI

玉袋筋太郎の変態座談会

TAMABUKURO SUJITARO

“永遠の格闘王”

AKIRA MAEDA

前田日明

粗にして野だがけっして卑ではない。
俺たちはいつだってマエダの兵隊！
ついにこの男が変態座談会に降臨!!
堀江ガンツの命は大丈夫なのか!?

収録日：2024年5月9日　撮影：タイコウクニヨシ　写真：©リングス　構成：堀江ガンツ

［変態座談会出席者プロフィール］

玉袋筋太郎（1967年・東京都出身の56歳／お笑い芸人／全日本スナック連盟会長）

椎名基樹（1968年・静岡県出身の55歳／構成作家／本誌でコラム連載中）

堀江ガンツ（1973年・栃木県出身の50歳／プロレス・格闘技ライター／変態座談会主宰者）

［スペシャルゲスト］前田日明（まえだ・あきら）

1959年1月24日生まれ、大阪府大阪市出身。リングスCEO/THE OUTSIDERプロデューサー。1977年に新日本プロレス入門。将来のエースを嘱望され、イギリスに「クイック・キック・リー」のリングネームで遠征した。第1次UWFに参加したのち、新日本にカムバックをしたが、顔面キックで長州力に重傷を負わせて新日本を解雇される。そして第2次UWF旗揚げ、解散を経て、1991年にリングスを設立。1999年2月21日、アレキサンダー・カレリン戦で現役引退。その後HERO'Sスーパーバイザーを務め、現在はリングスCEO、THE OUTSIDERプロデューサーとして活動している。

「イギリス遠征で買った春画の事典を税関で没収されたんだよ。ポルノで没収されたのは坂口さん以来だった」（前田）

ガンツ　玉さん！　今回の変態座談会は『ＫＡＭＩＮＯＧＥ』１５０号記念ということで、満を持して超大物ゲストに来ていただきました！

玉袋　それよりガンツ、おまえはここにいていいのか？

ガンツ　たぶん、大丈夫だと思います（笑）。

椎名　粗相のないように（笑）。

ガンツ　というわけで、今回のゲストは前田日明さんです！

玉袋　前田さん、よろしくお願いします！

前田　よろしく！

玉袋　前田さんとお会いするのはかなりひさしぶりで。以前、テレビ番組のロケでラスベガスに行ったとき、前田さんが質屋巡りをしたいって言って、それに一緒について行ったことがあるんですよ。

前田　ああ、質屋巡りしたね。本当はさ、アメリカのテレビ番組でやってたラスベガスの有名な質屋に行きたかったんだよ。

椎名　ああ、親子三代でやっている質屋ですよね。ヒストリーチャンネルの『アメリカお宝鑑定団ポーンスターズ』っていうリアリティショーでやってた。

前田　そうそう。あそこに行きたかったのに、コーディネーターが知らなかったんだよ。それで別の質屋に連れて行かれたら、しょうもないさ、「なんだこれ？」みたいなのしかなくてね。

椎名　番組でやっていた質屋は18世紀の英国海軍のものとかがあるんですよね。

前田　あそこはね、けっこう隠れたいい刀があるんだよ。

玉袋　刀目当てだったんですね。俺も質屋巡りに乗っかって、なぜかドン・キングが着ているような毛皮を探したんだけど、そんなの灼熱のラスベガスに売ってるわけないんだよね。それで前田さんに「なに、そんなものを求めてんだ」って言われて。

前田　毛皮だったらね、90年代初めのロシア。

玉袋　ありそうっすね〜！

前田　90年代初めのロシアは経済がめちゃくちゃでさ、もうたたき売りだったから。俺、ヒザ上ぐらいまでのミンクのコート、１００ドルぐらいで買ったよ。

玉袋　すげえ！

椎名　宝石のルースなんかも。

前田　全然あったよ。俺、シベリア産のダイヤモンドを売ってくれないかって頼まれたことがあるもん。

椎名　リングス無差別級のベルトも、本物の宝石が散りばめられていましたもんね。

玉袋　ラスベガスで質屋巡りしたときは、コーディネーターとワンボックスカーで移動中、前田さんが俺たちに「凄い懐中時計を持ってるんだ」って見せてくれたんだけど、懐中時計のガラスが割れちゃっててさ、前田さん、凄い落ち込んでたんですよ。

前田　いや、あれはガラスじゃなかったんだよ。昔の懐中時計だから古いアクリルなんだよね。で、割れたまんま『開運！なんでも鑑定団』に出したんだよ。

椎名　観てました。何百万っていう金額になってましたよね。

前田　そうしたら出演していた鑑定家が修理までできるって言うから頼んで、ガラスで直してもらったんだよね。

玉袋　あのときの懐中時計は『なんでも鑑定団』で直ったんですね（笑）。前田さんは古い刀はもちろんですけど、海外に流れてしまった浮世絵を買ったりするとかっていうのはないんですか？

前田　浮世絵は失敗談があってね。イギリス遠征に行ったとき、浮世絵の春画の事典みたいなのがあったんだよ。こんなゴツくて、あらゆる春画を網羅しているようなやつでさ。「これはいいな。持って帰ってみんなに自慢したろ」と思ったのに、税関で没収ですよ。ポルノってことで。

椎名　え～っ！　絵画なんだから見逃してくれればいいのに。

玉袋　いまでもダメなんですかね？

前田　どうかわかんないね。ポルノで荷物を没収されたのは、新日本プロレスで坂口（征二）さん以来だよ。

ガンツ　坂口さんは何を没収されたんですか？

前田　坂口さんは『ペントハウス』を没収されてたよ。

玉袋　それ、エロ本を没収される中高生ですよ！（笑）。

ガンツ　税関じゃなくて先生に没収されるやつですね（笑）。

椎名　前田さんが浮世絵の図録を没収されたのは、リングス時代ですか？

前田　いや、若い頃にイギリス遠征から帰ってくるとき。

椎名　クイック・キック・リーのときだ。

前田　学術的な美術事典なんだからさ、「いやポルノじゃないんです。芸術作品です」って言ったんだけど、「芸術作品って言っても、ダメなものはダメ。見ちゃいけないもんが写ってるやないか」って。

椎名　写ってないですよね。描いてあるんですもんね。

前田　何を言っても「ダメだ、ダメだ」で没収されてね。おそらく税関のヤツが自分でコレクションしてんだよ。

「フルオリジナルのゼロ戦を買おうとしたんだけど、日本に持ち込めなくて。兵器として製造されたものだから輸入できない」（前田）

玉袋　前田さんは、骨董品やお宝を日本に持ち込むために運

び屋を頼んだことはないんですか？

前田　それはないけど、俺はいい刀をアメリカで掘り出して、1ドル120円くらいのときに2万ドルで買ってきたことがあって、そこを日本で鑑定に出して1500万で売ったよ。

玉袋　うわー！

前田　ソッコーで転売したけどね。

玉袋　なんで海外に日本刀があるんですか？

前田　ポツダム宣言による日本の武装解除で、アメリカのGHQが神社とか金を持ってそうな屋敷とかに行って全部取り上げたんだよ。だから当時、戦後の大混乱のなかで行方不明になった国宝クラスの刀が数十振りあって、いまだに行方不明になってるの。

椎名　凄い世界ですね。

玉袋　それがオークションに出てくることもあるんですか？

前田　そのうちの1本がね、このあいだアメリカとかのコレクターのあいだを回り回って、最後にオーストラリアかどっかの弁護士の手に渡ってね。その人が死んだときに日本に返還するって言ってたけど、その後どうなったかわかんないね。国宝だよ。旧国宝。

玉袋　国宝がコレクターの手に渡ってるのが凄いな。あと、前田さんは昔、ゼロ戦を買おうとしたことがありましたよね？

前田　あれ、ほしくなったんだよね。ムスタングを買いに行ったとき、フルオリジナルのゼロ戦が1機あったんだよ。当時、円がいちばん強いときで、1ドル100円、金1グラム1000円だったから、6000～7000万で買えてね。ずっとアメリカに置いておいたら、駐機代と整備代がだいたい年間400万ぐらい。これならちょっとがんばれば買えるなって。というのも、当時俺はポルシェターボに乗ってて、車両保険から整備から全部やったらだいたい400万ぐらいだったの。ちょっとの違いじゃん？　でも日本に持ち込めないんだよ。兵器として製造されたものは輸入できないから。

玉袋　じゃあ、買ったとして、わざわざ向こうに見に行って眺めるしかないんですか？

前田　いや、ハワイで飛行機操縦免許を取ろうと思ったの。向こうで操縦してやろうと思ってさ。

玉袋　ハワイでけっこう楽に取れるもんなんですか？

前田　岩城滉一さんが「双発機免許を17日間で取った」って言ってて、岩城さんはその頃、ムスタングC型に乗ってたんだよね。あと換装用エンジン1台。

玉袋　岩城さんは、それで一度破産したわけじゃないですよね？（笑）。

前田　結局、その破産騒動のときに全部手放したらしいんだけどね。

玉袋　やっぱりそこはつながってるんですね。

前田　あの人が集めたものは凄いよ。クルマでもバイクでもね。

玉袋　趣味の人なんですよね。

前田　岩城さんは芸能人じゃなくても、お父さんが在日社会で有名な大金持ちだったんだよ。

玉袋　そうだったんですか。岩城さんは中野区出身ですよね。

前田　で、岩城さんに話を聞いたら、クールスをやっていたときにお父さんに呼ばれて、「おまえ、なんで暴走族みたいな中途半端なことやってんだ。筋モンになるか芸能人になるか、どっちか選べ」って言われたって。

玉袋　それ、映画の『人間の証明』のまんまじゃないですか！（笑）。

前田　それで岩城さんが「じゃあ、芸能人になります」って言ったら、いきなり『爆発！暴走族』って東映の映画で主演してるんだよね。それぐらい力を持ってんだよ。

玉袋　たしかに岩城さんが三船敏郎に「おまえ、暴走族なんかやってんじゃねえ」って怒られてる映画があったもんな。あれ、実話だったんだな。

前田　そんな映画があったんだ。それはきっとお父さんの話を入れたんだよ。

玉袋　凄い話だな。前田さんは若い頃から世界中を回って、言ってみれば旅人ですよね。

前田　あっちをウロウロ、こっちをウロウロしてましたよ。

椎名　それでネットワークができましたもんね。

ガンツ　あと前田さんは、引退後にヨットレースに出るはずだったんですよね？

前田　そうそう。引退して、メルボルン大阪のダブルハンドのヨットレースにエントリーしたんだよね。で、結局、スポンサー集めに回ったんだけど、お金が集まらなくて断念したんだよ。

玉袋　でも、そのクルーはいたんですか？

前田　いたよ。ダブルハンドだから、ふたりで出る予定だったから。

椎名　大きなヨットじゃないんですか？

前田　大きいよ。45フィートと50フィートぐらい。で、レースは最短で一等賞のチームで1カ月が精一杯。ビリは半年くらいかかる。

「新間さんに『俺、保護観察中なんでプロレス入りはダメなんです』って言ったら『そんなのどうにでもしてやる』と言って一発で終わり」（前田）

玉袋　それ、ほとんど漂流ですよ（笑）。

前田　日本近海はね、〝魔の海〟がいっぱいあるんだよね。爆弾低気圧だとか台風だとかが来るでしょ？　だから日本近海ってヤバいんだよ。

玉袋　そこに命懸けで出ようとしたってところが凄いね。

前田　そのために俺、尾道まで合宿で船舶免許を取りに行ったんだよ。

玉袋　尾道ってところがいいね。

ガンツ　造船の町ですもんね。

前田　尾道海技学院っていうところで、合宿免許の先生がいるじゃん？　もう歳いった先生たちは昭和20年代、30年代に船乗りで世界中に行きましたっていう人たちで、もう凄い話をいっぱいしてたよ。

玉袋　前田さんは子どもの頃から、船乗りとかに憧れたりしていたんですか？

前田　中学校のクラスメイトのお父さんがマンモスタンカーに乗ってたんだよ。俺はその話を聞いて、「いいな」と思ってたね。

玉袋　マンモスタンカーに乗ったら、一度出たら乗りっぱなしになるんで、やることがないからチンポコに真珠を入れる船乗りが多いって聞いたことありますよ（笑）。

椎名　思わずチンチンいじっちゃうんですね。

ガンツ　次の港のために（笑）。

玉袋　やっぱり長い航路だからね。

椎名　前田さんはずっと乗り物が好きですよね。高校時代のオートバイから。

前田　あれは俺のことをほったらかしだった親父に無理言って、半分脅して買ってもらったんだよね。

玉袋　前にＣＢ４００に乗っているのをプロレス雑誌で見たんですけど。

前田　ＣＢ４００じゃない、俺はナナハンだよ。４００なんて乗ったことがないよ。俺、免許の1発目がナナハンだもん。

玉袋　中型の免許とかない頃ですよね？

前田　ない。自動二輪だもん。で、俺が高3のときにナナハン免許って出たんだよ。だけど俺、免許取り消しで4年間保護観察だったんだよ。18のときに。

玉袋　じゃあ、月に1回保護観察官に会いに行ったりしてたんですか？

前田　月に1回じゃなくて、1週間に1回。

ガンツ　それはなぜ保護観察処分になったんですか？

前田　一緒にバイクを乗り回してるヤツらと検問突破しようと思ったら、前のヤツが下手で、それに巻き込まれてコケたんだよ。ほんなら交機がワーッと出てきて、もう殴る蹴るするんだよ。もう頭にきてバーッと暴れてさ。

椎名　よく保護観察で済みましたね（笑）。

前田　暴れたらおまわりの歯が5本ぐらい折れちゃったんだよ。それで公務執行妨害と公務員傷害罪みたいな変なのをつけられてね。

玉袋　未成年だからそれで済んだんですか?

前田　袋叩きにされたのはこっちだからね。当時の交機ってひどいよ。もうボッコボコだもん。それでも事件にならない。

玉袋　じゃあ、1週間に1回保護観察士に会って、何を報告していたんですか?

前田　どういう生活をしているかとかね。「学校に行って、空手の道場に通って、ちゃんと毎日礼儀作法を身につけてがんばってます」って言ってたよ。

玉袋　保護観察官の人はどんな方だったんですか?

前田　もう50歳ぐらいの人で、いろんな話を聞いてくれて。でも自分の毎週の生活でそんなに報告することなんかないから、世間話をしてね。

玉袋　「おまえは身体がデカいんだから仕事を斡旋するよ」とか、そういう話はないんですか?

前田　ないない。俺は最初、新間(寿)さんに引っ張られたとき、「プロレスなんて無理ですよ」って断ったんだよ。「それならアメリカに行って、モハメド・アリの弟子になればいい。ウチにはそのルートがあるから」って言われたときは心が動いたんだけど、「俺、保護観察中なんでダメなんです」って言ったんだよね。保護観察中ってパスポートが降りないから。そうしたら新間さんが「そんなの俺がどうにでもしてやるよ」って言って、本当に一発で終わりだから。

玉袋　それを新間さんが裏から手を回したんですか!?

前田　当時の新間さんの権力って凄いんだよ。だってさ、「明日、アントニオ猪木に会いに行こう」って言って、全日空に電話したんだよね。「明日、何時何分の便に乗りたいんだけど」って言ったら、最初は「満席です」って断られたのに、次の瞬間に「議員の番号の何番持ってるんだけど」って言ったら、「取れました」って。

玉袋　すげえ〜!

前田　国会議員用にかならず席を確保してるんだよね。

ガンツ　昔の新日本は、元首相の福田赳夫や自民党副総裁の二階堂進と昵懇でしたもんね。

玉袋　前田さんは、そうやって用意された飛行機に乗って新日入りするんだもんな。

椎名　最初っから凄い話ですよね。

「親類が全員集合したら前科百犯っていうハードな環境で生きてきたら、そりゃ前田さんもたくましくなりますよね」(玉袋)

玉袋　前田さんの大阪時代だと、番長がいろんなところにいたとか聞くんですけど、あれはどうなんですかね？　赤井英和が有名だったとか。

前田　みんな、よくそういうことを言うんだけど、わかんないよ。当時の大阪ってさ、そういう半グレみたいなのが何万人もいたんだから。渡嘉敷がどうだとかさ、知らねえよそんなもん（笑）。

玉袋　あと浪商の木下兄弟とかね。のちのポップコーン。

前田　でも建国っていうチョン校に凄い兄弟がいて、そいつらのことはみんな知ってたね。

ガンツ　まさに『パッチギ！』の世界ですね。

玉袋　大阪も広いし、不良もたくさんいるから、そこで顔を合わせるわけじゃないんだ。

前田　赤井英和も沿線が違うじゃん？　俺らは阪急で赤井は南海電車でさ。

玉袋　沿線によって不良の分布図ができるのがおもしろい。でも、その時代の話って凄く興味があるんですよ。『ガキ帝国』の時代じゃないですか。

前田　そんなんよりもっとえげつない世界があってね。ミナミとかでヤーさんが次から次へと抗争を起こしていた時代だから。山健の健竜会とかね。

玉袋　出ました！

前田　もう、ヤーさんがうじゃうじゃ歩き回ってるんだよ、徒党を組んでさ。

玉袋　前田さん、よくスカウトされませんでしたね。

前田　いまだから言える話だけどさ、高校時代、西成でノックアウト強盗に間違えられて、パトカー20台ぐらいに追っかけられたんだよね。で、街のなかを逃げ回っているときにパッと手を引っ張られて、ヤーさんの家に助けてもらったんだよ。それからそのヤーさんにかわいがられてさ、飯を食わしてもらったり、お小遣いもらったりしてたらさ、「おまえ、学校終わったあと、どうするんだ？」って言われて、「何も決まってません」って言ったら、「卒業したらウチに来い」って言われたよ。

椎名　やっぱりいろんなところからスカウトが来ているんですね（笑）。

ガンツ　ドラフトですね（笑）。

玉袋　1位指名だよな。前田さんの幼い頃からの同級生のなかで、そっちの本職に行った人とかいたんですか？

前田　何人もいたんじゃない？　よくわかんないけどね。それよりウチの父方の親戚なんて、全員集合したら前科百犯だよ。

椎名　前科百犯！（笑）。

玉袋　だから前田さんが『血と骨』を読んで、「あんなもん甘い。ウチは『血と骨』みたいなことは毎日だった」って言ってたっていうね。

前田　あの時代、戦争に行った在日一世って荒れたんですよ。二世だから生まれた時点で自分のことを日本人だと思ってて、日本の義務教育を受けて軍国少年に育って、「天皇陛下万歳」って戦争に行ったわけでしょ。それが戦後、いきなり勾留されて「もう祖国（クニ）に帰れ！」って言われたから凄い恨んだんだよね。だからああいう話って、在日のいろんな家庭にかならずある話なんだよ。

玉袋　各家庭それぞれに『血と骨』があったと。

前田　だから家庭を壊してどうしようもなくて、事件を起こして刑務所を出たり入ったりする。それで自分の親戚とか血統の骨の髄までしゃぶり尽くして、みんなを不幸にするとかさ。そういう話はいっぱいあるんだよね。で、本人はちょっと酒が入ったら大暴れしてさ。

玉袋　そういうハードな環境で生きてきたら、そりゃ前田さんもたくましくなりますよね。

ガンツ　前田さんのお父さんってどんな方だったんですか？

前田　ウチの親父は3兄弟のなかでいちばん真面目だったんだよね。真面目だったからこそ、上のふたりに食い物にされたんだよ。家庭生活はメチャクチャだったけど、刑務所に行かなかっただけ、親類のなかでは真面目だったから。

玉袋　親類は全員集合したら前科百犯だっていうくらいですもんね。

前田　ウチの親父が離婚後、韓国で結婚して家庭を持って、日本と韓国を行ったり来たりしていたんだけど、一度出ていくと半年は家にいないんだよ。そのあいだ俺は家でひとり。そうしたらある日、東京で働いてたっていう従兄弟が突然やってきて、「おまえのところに泊まらせてくれ」って言うから泊まらせたんだけど。「○○、なんで帰ってきてん？」って聞いたら、「俺な、指名手配になってん」って（笑）。

玉袋　うわーっ！（笑）。

ガンツ　照れ臭そうに言うことじゃないですよね（笑）。

前田　なんやそれ、って。

玉袋　知らずに指名手配犯をかくまっちゃったよ。ハードだな、ハード。

「親父は腕力が強くてね、バットをぶち折られたから『これはもう刺すしかない』と思って、刺身包丁を買ってきたんだよ」（前田）

前田　その後、俺は飯場生活だよ。

玉袋　家を出て、飯場に行ったんですか？

前田　韓国で結婚したウチの親父は、本当はその嫁さんを日本に連れてこようとしていたんだよね。でも「嫌だ」って言われて、しょうがないから韓国に家を買ったんだけど、親父が日本に帰ってきているあいだに勝手にその家を売られちゃったんだよ。それで親父が激怒して離婚して、また日本に帰ってきたら新しい女ができて、その女と一緒に住むことになってさ。そうしたら俺が邪魔になったんだよね。「おまえな、昔の武士は15で元服や。おまえはもう16やろ。家を出て自活しろ」って言い出してさ。

玉袋 うわ〜！ そういう言い方で家から出ていかされたんですか。

前田 「学校の金だけは出してやるから」って言われてさ。しょうがないから家を出て、「これからどうしようかな」と思ったとき、たまたま刑務所から帰ってきた叔父さんが飯場を開いてたから、そこに入ったんだよ。16歳から住み込み。

玉袋 すげえ話だな〜。あの頃の飯場って言ったら、ならず者がたくさんいるわけじゃないですか？

前田 でも、ならず者みたいな人はいなかったよ。社会からはみ出ちゃってる人たちではあったけど。わけのわからない自称京都大学卒業した人もいたし、話してみたら、「この人はなんでこんなところにいるんかな」みたいな人が多かったよね。

玉袋 でも10代で飯場生活っていうのは貴重な経験ですね。

椎名 2階の骨組みに畳を乗せただけの部屋で、下からはんだごての煙が上がってくる部屋に住んでたって、以前言われてましたよね？

前田 それは飯場じゃなくて、親父と住んでたところ。両親が離婚したあと、刑務所から帰ってきた叔父さんが持ってた家に親父とふたりで住んだんだけど、そこは1階がボルトナットの工場で、2階が住居みたいな作りでね。畳を外したら、戸板の隙間から工場が見えるんだよ。だから昼間はボルトナット工場の煙が部屋に上がってくるようなところでさ。

玉袋 凄い生活ですね。

前田 で、韓国から帰ってきた親父に女ができて、そこに住むことになったので、俺が追い出されたの。

玉袋 お父さんって、身体は大きかったんですか？

前田 ウチの親父は昭和3年生まれで、182センチあったからね。

玉袋 その年代で180超えは相当デカいですね！

前田 めちゃくちゃ気が短くてね。もう瞬間湯沸かし器どころじゃないくらいで。

椎名 ティファールですね（笑）。

玉袋 前田さんも鉄拳制裁で育てられたんですか？

前田 殴られたことはあるよ。身体が大きくなってから「いまだったら負けないだろう」と思って突っかかって行ったら、腕力が強くてね。こりゃヤバいと思ってバットを持ったら、そのバットをぶち折られたからね。

玉袋　親子喧嘩でバット折りですか！（笑）。

前田　1回、「これはもう親父を刺すしかない」と思って、刺身包丁を買ってきたんだよ。

玉袋　ダメですよ、それは！

前田　それで韓国から帰ってくる日に待ち構えてたんだけど、たまたまその日に帰ってこなくて未遂に終わったんだけどさ。

玉袋　危ねえ（笑）。お父さんも察したのかね。虫の知らせがあったのかな。

椎名　もし刺してたら、UWFもリングスもなかったですね（笑）。

前田　一柳なんとかっていう、両親を金属バットで殺した犯人いたやん。

玉袋　はいはい、一柳展也ですね。金属バット両親殺害事件の。

前田　もしやってたら、アイツよりも俺のほうが早かったんだよ（笑）。

ガンツ　金属バット事件の先駆けになってた可能性があったと（笑）。

前田　素手でもバットでもかなわないから、刺身包丁しかないなと思ってたからね。

玉袋　一柳展也は両親をバットで殺して刑務所に入ったあと、刑務所内で親善ソフトボール大会があったらしいんだよ。そのとき、一柳がバットを持った瞬間、みんなが逃げたっていうからね。「危ねえ！」って（笑）。

ガンツ　バットを持たせちゃいけない男（笑）。

「アイドル時代の桜田淳子が前田さんのバイト先に？『ようこそここへ、クッククック』って言ってたかもしれないな（笑）」（玉袋）

玉袋　前田さんのお父さんの出身は、ソウルだったんですか？

前田　ウチの親父は日本生まれだよ。本籍地はモッポから船で半日くらい乗っていく島で。数年前、韓国の修学旅行生が乗った船が転覆して沈んだじゃん？　あのへんだよ。

ガンツ　セウォル号が沈没したあたりなんですね。

玉袋　前田さんの昔の写真を見ると、韓国旅行に行った写真とかあるじゃないですか？　それは親族訪問で行ったときのものだったんですかね。

前田　だろうね。当時、本籍地の島はガス、水道、電気、何もなかったんだよね。だから行っているあいだ、ずっと下痢と嘔吐ですよ。親戚の家に行ったんだけど、俺からするとおじいさんの兄弟の子孫だから、そもそも会ったこともないし、そんなの親類でもなんでもないやん。

玉袋　家系図上は親戚なんでしょうけど、実感はないですよ

ね。

前田　で、腹を壊してるからしょっちゅうトイレに行くじゃん？　トイレは茅葺き屋根のドームみたいになってる小屋で、板が2枚渡してあるだけのボットンでさ。そこでブリブリってやったら、下で「フゴフゴフゴッ」って聞こえてきて、よく見たら豚がいるんだよ。で、夜になったら豚の料理が出てきたんだけど、「これ、うんこ食ってる豚やん」って。

玉袋　早すぎたSDGsですよ。

椎名　家庭内アントンハイセルですね（笑）。

前田　そういう世界だったからね。

玉袋　それは衝撃を受けますよね。そんななかで、お父さんは女性を何人も取っ替え引っ替えで、やっぱりモテたんですね。

前田　いや、当時の韓国ってみんな貧しいから、在日がみんな金持ちに見えて、「ウチの娘もらってくれ」ってなるんだよね。

ガンツ　70年代初頭ぐらいの韓国ですもんね。

玉袋　前田さんは若い頃、音楽とかはどんなのを聴かれてたんですか？

前田　音楽はね、俺らの世代ってくまなく聴いている世代なんだよね。中学校に入るとみんな洋楽のレコードを買い出すんだよ。それが中学生になった証みたいな感じでさ。だからビートルズから始まり、普通にいろいろ聴いてましたよ。

玉袋　ギリギリ、フォーク世代でもあったんじゃないですか？

前田　フォークも聴いたけど、吉田拓郎なんて年がら年中、フッただの、フラれただのと歌ってて、いつまでピーピー言ってんだよって。「おまえがめんどくさくてフラれたんだから、いつまでもピーピー言ってるんじゃないぞ」って思ってたね（笑）。

玉袋　ワハハハハ！

前田　俺のまわりにビートルズ狂い、ローリング・ストーンズ狂い、レッド・ツェッペリン狂いとかいろいろいてさ、そいつらに洗脳されるんだよね。だから、なんかわかんないけどなんとなく聴いてるみたいなね。

玉袋　アイドルとか女優さんで好きな人はいたんですか？

前田　俺らは桜田淳子、山口百恵、森昌子直撃世代でさ。

玉袋　花の中三トリオですね。

前田　いまでも憶えてるけど、高校1年のときに阿倍野に『ミュンヘン』っていうドイツ料理屋があって、俺はそこで皿洗いのバイトをしていたんだけど、近所の百貨店で桜田淳子が新曲のプロモーションでミニコンサートを開いてさ。終わってから桜田淳子がウチにメシを食いにきたんだよね。

玉袋　おおっ！

前田　で、桜田淳子が食べ終わってさげた食器、厨房のみんなで奪い合い。俺、スプーンを取って舐めたよ（笑）。
玉袋　ワハハハハハ！　そりゃやりますよね。
前田　中学生、高校生だからね。
玉袋　桜田淳子が店に入ってきたら、みんなで「ようこそここへ、クックック」って言ってたかもしれないな（笑）。
椎名　中学生でトップアイドルと間接キスしたら興奮しますよね。
玉袋　それで前田さんともし結婚していたら、統一教会に入らなくて済んだかもしれねえな～（笑）。
椎名　芸能史が変わっていたかもしれない（笑）。

『燃えよドラゴン』ブームで、みんなヌンチャクを持って真似をしてるとき、前田さんだけ刺身包丁を持ってたっていう（笑）」（玉袋）

玉袋　映画とかは何を観ていたんですか？　アメリカン・ニューシネマとかがバーンと来ていた時代だったと思うんですけど。
前田　アメリカン・ニューシネマは『バニシング・ポイント』と『暴力脱獄』。いまでも観てるよ。
玉袋　やっぱりそうなんですね。
前田　『暴力脱獄』はなんとも言えない孤独感があるじゃん？　『バニシング・ポイント』もそうだけど、あの頃なんであいう映画がたくさん作られたかと言ったら、ベトナム戦争があったから、アメリカのあちこちに戦争神経症みたいな人がいっぱいいたんだよ。で、そういう人たちが、アメリカのあちこちで事件を起こしてね。アメリカン・ニューシネマって、要はその群像劇なんだよね。
玉袋　いまで言うＰＴＳＤが原因で起こった事件を映画化したというか。
前田　でも当時の俺はそんなの知らんからさ。ただ単に、最後に主人公が死ぬのがカッコいいと思い込んでね。それからしばらくは「主人公は死んで当たり前やんけ」って感じだったよ。
椎名　当時は日本の刑事ドラマでもかならず死んでましたもんね。
玉袋　殉職がクライマックス、番組の目玉だから。新聞のラテ欄に書いてあったからね。
前田　でもアメリカン・ニューシネマっていうのは、もっと孤独を表現していてさ。『バニシング・ポイント』のコワルスキーと『暴力脱獄』のルークなんていうのは特に孤独なんですよ。自分の出自から全然ダメで、親ともうまくいかなくて、友達とも離れ離れで、当時の俺の境遇とピッタリと合ったんだよね。だから『バニシング・ポイント』で、おまわり

に追いかけられて逃げた先で一瞬立ち止まってさ、地平線の彼方に続くまっすぐな道が2本あって、さあ、どっちに行こうかというシーンがあってさ。それを観て俺は「アメリカっていいな」「絶対にアメリカに行くぞ」って思ったんだよね。

玉袋 それがアメリカへの憧れの原点ですか。

前田 アメリカに行けば、在日がどうのこうのとかそういうめんどくさいこともないじゃん？

玉袋 向こうは人種のるつぼですもんね。

前田 俺はそのめんどくさいのがいちばん嫌だったんだよね。当時、俺が言われたのが「韓国人は、日本の有名人を見るとすぐ『あの人、本当は韓国人だよ』って言いたがる」ってことなんだけど、あれは全然違う話なんだよ。

椎名 なんでもかんでも韓国人認定して、同胞の優位性をアピールしているわけじゃないと。

前田 あれはどういう話かと言うと、俺らの世代のちょっとあとぐらいまでは就職差別があったんですよ。一生懸命勉強して大きくなって、「さあ、どこの会社に入ろうか。トヨタがいいか、日産がいいか」とか考えてても、「日本国籍じゃないと入れないよ」って言われて、そこでみんなシュンとしちゃうんだよね。そのときに在日の大人が励ますために言う言葉が、「歌手の誰それは本当は韓国人なんだよ」とか「力道山も大山倍達も韓国人なんやで。だからおまえもがんばれ」っていう話なんだよ。だからさ、なんでもかんでも韓国人は有名な人を見たら韓国人って言いたがるっていうのは、全然違う話なんだよ。在日世界で落ち込んだ子どもたちを慰めるための話だったの。

玉袋 そうじゃなきゃ、出自に絶望しちゃうコも出てきちゃいますもんね。

前田 ちょっと話が暗くなっちゃったね（笑）。

玉袋 いや、そんなことないですよ。

ガンツ そういう状況のなかで、前田さんは格闘技で道を切り拓いていくわけですけど、空手との出会いってどうだったんですか？

前田 俺は親父を刺してやろうと思っていた頃、大山館長の『私の空手人生』っていうエッセイ本を読んでたんだよね。そこに「男子三日会わざれば刮目して見よ」って故事成語の章があって、「男の子は三日ごとの成長があるんだ。その三日間をどう過ごすかによって、人生がいろいろ変わってくるんだよ。誰の責任でもない。自分の人生だよ。自分の人生は自分が責任を持たなきゃいけないんだよ」っていうことが書かれていて、「そうか」と思ってね。でも、どう生きていっていいかわからなかったけど、「そういえば、小学校のときに少林寺拳法をやって少年部の初段を持っていたけど、あの頃は楽しかったな」と思い出して、だったら空手をやろうと思ったんだよ。

玉袋　大山総裁のエッセイからだったんですね。

椎名　本に刺激を受けてっていうのが前田さんらしい。

前田　それで極真の道場を探したんだけど見つからなくてね。ほんでウロチョロしているときに、俺が行っていた無想館拳心道とめぐり合ったんだよね。

玉袋　前田さんは『空手バカ一代』は直撃ですよね？

前田　直撃世代だね。あとブルース・リーもあったね。

玉袋　そっちもあったんですよね。

前田　ブルース・リーは中学校3年生のときですよ。そうか、ということは俺が親父を刺そうと思ったのは中3のときだね。

玉袋　『燃えよドラゴン』ブームで、みんなヌンチャクを持ってブルース・リーの真似をしてるとき、前田さんは刺身包丁を持っていたという（笑）。

前田　のちのち極真の人たちと話をしたとき、「そんなんだったら内弟子になればよかったのに」って言われたんだよね。当時、内弟子制度を知っていたら、間違いなく東京に出て極真会館本部道場の内弟子になっていた。そうしたらいまごろ、アメリカかどっかの支部長だよ。

椎名　第2のウィリー・ウイリアムスを育てていたかもしれない。

「親父に『アントニオ猪木がしばらく弟子にしてくれるって言ってるから、行ってくるわ』って伝えて家を出て行った」（前田）

玉袋　今年、大山総裁の三十年慰霊祭がおこなわれたんですよね。もう亡くなられて30年も経つっていう。

前田　俺は新日本をクビになったとき、大山総裁に誘われたんだよ。

玉袋　長州さんの顔面を蹴っ飛ばしたときですか？

前田　そうそう。あのあと（1987年）12月末に「メシ食おう」って言われて。

玉袋　前田さんが、大山総裁に「牛と闘ってごらんよ」って言われたんですよね。

前田　それもそんときだったかな。格通かゴン格で対談もやらせてもらってね。

玉袋　猪木vsウィリー戦の前、新日本と極真の対立みたいなのがあったじゃないですか。それは前田さんはどういうふうに見ていたんですか？

前田　いや、べつになんとも思ってなかったね。俺にはわからん大人の世界があって、なんか裏でいろんなことがあるんだろうなっていう。

玉袋　その前にも、極真がオープントーナメント（第1回全世界空手道選手権大会）を開く際、「誰でも来い！」って言ったら、新日本プロレスが行ったとか。

前田　新間さんは俺と初めて会ったとき、「極真の第1回世界選手権のとき、『どんな格闘技の挑戦でも受ける』って言うんで、新日本プロレス全員分の出場願書を出したら、大山総裁が出てきて『それはちょっと勘弁してほしい』と言われた」という話をしていたからね。

ガンツ　『四角いジャングル』を連載していた『少年マガジン』に極真がオープントーナメントの広告を出したんですよね。「プロレス、柔道、相撲、誰の挑戦でも受け入れる」みたいな感じで。

椎名　そういう物騒な挑発をしていたんだ。

ガンツ　そこで「プロレス」の名前を出されたんで、これで参加しなかったら「逃げた」と言われるってことで。新間さんが新日本所属選手13人分の願書を出して、選手に「全員反則負けでいいから、腕でも折ってこい」とハッパをかけたという（笑）。

玉袋　そういうところで、すかさず動くのが新間さんなんだよな。当時は（のちの）寛水流の水谷（征夫）会長が来て、鎖鎌を持って「猪木とやらせろ」って来たときも新間さんがあいだに入って一緒の空手流派をやることで話をまとめたりね。

前田　この前、新間さんとトークイベントをやったとき、寛水流の話もいろいろ聞いたよ。結局、安藤組の安藤昇さんが水谷に対して「おまえ、何を卑怯なことを言ってるんだ。空手家の分際で、何が鎖鎌だ。素手で闘う勇気もないくせに、やれるもんならやってみろ。もしやったら、どうなるかわかってんだろうな」って一喝したらシュンとなったって。

玉袋　いいね〜、安藤組の話。渋谷を拠点としていた安藤昇さんの話を、いま前田さんと渋谷でやってるところがたまらないね。降りてきそうだな（笑）。でも、そういうタフなネゴシエーションには、かならず新間さんが出てくるのがいいよ。

ガンツ　前田さんは、新間さんとは最初にどこでお会いしたんですか？

前田　田中正悟と一緒に、大阪のロイヤルホテルで会ったんだよね。そこで「プロレスラーにならないか？」って言われたんだけど、「無理です」と。当時のプロレスラーっていうと、生まれながらに怪童とか神童とか言われる人たちの集まりみたいなイメージがあったから、無理でしょうって、真剣に思ったよね。

玉袋　でもビフテキを食べさせられて懐柔されたんですよね？

前田　当時の俺の食生活って、ご飯に味噌汁をかけて、おか

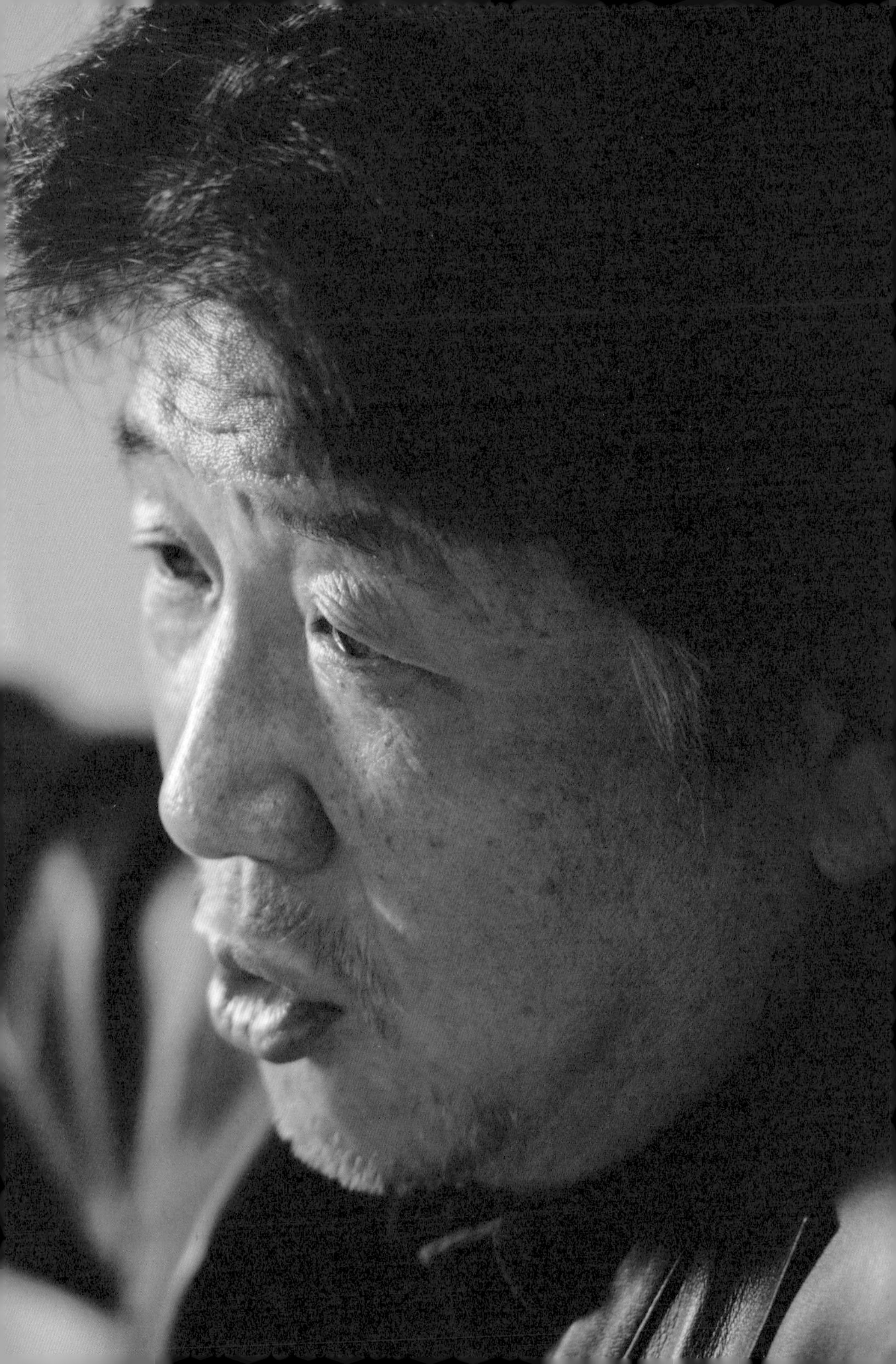

玉袋筋太郎 × 前田日明

ずはせいぜい焼いたウインナーと目玉焼きぐらい。それが朝昼晩だよ？　働き先も親戚がやってる飯場なんだから、メシぐらいタダにしてくれよって思うんだけど、毎日ちゃんと飯代を引かれてたからね。ひどいでしょ？

玉袋　そんな生活のなかで、分厚いビフテキを出されたら飛びつきますよね。

前田　びっくりするよ。ステーキが出てきただけじゃなくて、フルコースですよ。

玉袋　これはもう行くしかないと。

前田　いや、アメリカに行けるっていう話だったから、それを信じたんだよね。

玉袋　相撲部屋からスカウトされたことはなかったんですか？

前田　ミナミで〝空手の路上教習〟をやってるとき、大相撲の大阪場所で来てたザンバラ髪の若い衆を襲ってやろうと思ったんだよ。そうしたら横綱・輪島がパッと出てきて、俺が拳を振り上げてるから挨拶をしてるのと勘違いしたんだよね。それで「なんだキミ、相撲に入りたいのかね？」って言われて、「いや、ボク無理ですから。失礼しました！」とか言って逃げたよ（笑）。

玉袋　のちにその輪島と天龍さんの試合に触発されて、長州力顔面蹴撃事件が起きちゃうんだから、凄い巡り合わせだよ（笑）。

前田　もし相撲取りと喧嘩になったら、髪の毛を引っ張って、頭突き、目突き、金的で終わりやって思ってたんだけどね。さすがに横綱は無理でしょ（笑）。

玉袋　黄金の左でぶん投げられなくてよかったですね（笑）。

ガンツ　その後、上京して新日本プロレスに入門する際は、家族には報告されたんですか？

前田　親父に「アントニオ猪木がしばらく弟子にしてくれるって言ってるから、行ってくるわ。そのあとアメリカに行くから」って伝えたよ。「おまえ、なにホラ吹いてんだ」って相手にされなかったけど、「じゃあ」って言って出て行ってね。

「どす黒い血尿を出すことが新日本のレスラーになるためのイニシエーション、通過儀礼みたいな感じなんですね」（椎名）

玉袋　そんな感じだったんですね。新日本から支度金とかはなかったんですか？

前田　どうだったかな？　金がなかったから、当面の生活費として10万か20万もらったような気がするけど、よく憶えてないね。ただ、田中正悟はそのとき３００万もらってんだよ。

玉袋　３００万！　出ました。

前田　俺はずいぶんあとになってから知ったんだけどさ、「前田はウチの道場でこれからキックボクシングで売ろうと思っていた選手なので、譲渡するための補償金がほしい」って言ってね。大きな選手をほしがってた新日本の足元を見て、いろいろ口からでまかせで金を引き出したらしいんだよね。

玉袋　うわ〜、田中正悟さん、最初っから抜いてるのか。

椎名　最初から、前田さんをどっかに入れて金を引っ張ろうと考えてたのかね。

前田　俺自身、あの頃は大阪に居づらくなってたんだよね。ヤーさんとかそっちを襲撃しているから顔が割れちゃってさ、ヤバかったんだよ。次にまた〝空手の路上教習〟とかやってたら、さらわれてたかもしれない。だから、ちょうどよかったんだよ。

玉袋　ちょうどいいタイミングで、新間さんにスカウトされたってことですね。それで上京して猪木さんのマンションに連れて行かれたら、倍賞美津子さんが出てきたっていう。

前田　目の前に倍賞美津子がいるんだもん、びっくりしたよ。俺は猪木さんの家に行く何日か前、大阪のサンテレビで『喜劇 女は度胸』っていう倍賞美津子さんが主演の映画を観てさ。「うわー、倍賞美津子って綺麗だな」って思ったら、いきなりその人が自分の目の前にいるんだから、びっくりするよね。

玉袋　そりゃ、びっくりですよ。

前田　まあ、猪木さんを最初に見たときもビックリしたけどさ。玄関を開けたら猪木さん本人が出てきて、「おお、アントニオ猪木や。本物や！」ってなったから。「こんなごっついおっさんがドロップキックで飛んで来たら、どうやって防御したらええねん」「そういえば大山倍達は十字受けが最強の受けだって言ってたから、十字受けやな」とか、ひとりで考えててね。

ガンツ　初対面で「アントニオ猪木ともし闘わば」を考えてましたか（笑）。

玉袋　でも前田さんは飯場暮らしから世界が一変したんですね。

前田　おそらく、飯場生活じゃなくてちゃんとした家で両親揃って暮らしていたら、プロレス界みたいな特殊な世界には入らなかったよね。だって、俺には帰るところもないんだから。しょうがないよ。

玉袋　帰るところがないから、道場から夜逃げもしないですよね。

椎名　でもプロレスファンでもなく、読書家の前田さんがあのなかに入ったら、周囲から浮きませんでした？

前田　いや、毎日楽しかったね。練習はキツくて終わったらヘトヘトになって、拷問のように大量のメシを食わされて毎日大変なんだけど、まわりにはかまってくれる人がいて、それがうれしかったね。

玉袋　孤独に比べたら全然いいですよね。

ガンツ　毎日が大家族スペシャルになるわけですもんね。

前田　なんか俺は良くも悪くもかわいがられたんだよね。俺はクソ真面目だったから、練習についていけなくても、回数が終わるまで練習時間が終わってもひとりで黙々とスクワットやってたりさ。あと当時の練習は、山本小鉄さんが竹刀で叩くからさ。動けなくなってから叩かれるより、キツくなる寸前で叩かれたほうがいいなと思って、自分から「竹刀、お願いします！」って言うと、山本さんも「コイツ」とか言いながらニコニコしながら叩いてくれてたんだよね。だから山本さんにもかわいがられたし、ほかの先輩にもかわいがられたし、いま考えたらラッキーやったね。

ガンツ　プロレスファンじゃなかったからこそ、逆に純粋で何事にもピュアだったわけですもんね。

前田　で、新弟子が俺しかいないじゃん？　男世帯で1カ月も2カ月も巡業に出るとみんな飽きてきて、それで俺にイタズラをして楽しんでたんだよね。それもまた、かまってもらえてうれしかったから。

玉袋　自分という存在を認めてくれてるわけですもんね。俺なんかもたけし一門に入ったばかりの頃は、ずっと相手にされない透明人間で、いじられるよりそれがつらかったんで。

ガンツ　前田さんの場合、いじられてるってことは、ある意味で自分たちの仲間として認められているわけですもんね。

前田　練習もキツくて、最初の1カ月は立てなくなるまでやらせるんだよ。でも、その最初の1カ月でスクワットが1000回できるようになって、太ももが20センチ太くなったんだよ。自分でもこんなに変わるもんかってビックリしたね。そのかわり、1カ月間は血尿でおしっこが真っ黒ですよ。

玉袋　うわー、腎臓が濾しきれないってことですね。

前田　筋肉から出血して全身を回っているあいだに血が黒くなって、おしっことして排出されるんだよ。最初はコーラみたいな真っ黒なおしっこが出て、臭いんだよね。で、藤原（喜明）さんとか佐山（聡）さんに「黒いおしっこが出ました。これ、なんですか？」って聞いたら、「それは血尿って言うんだ。みんな出るんだよ」って言われてさ。

椎名　血尿が新日本のレスラーになるためのイニシエーション、通過儀礼みたいな感じなんですね。

前田　それを聞いて、「そういえば早稲田のラグビー部が血尿が出るまで練習したっていう記事を読んだことがあるな。これか！」『俺も血尿出したぞ』って、誰かに自慢したろ」と思ってね（笑）。

Finest
Motorcycle
Leathers
Since
1947

「プロレスのデビュー戦の相手は小鉄さんでしたけど、〝そっち〟のデビュー戦も歳上だったんですね。試合時間は秒殺ですか？（笑）」（玉袋）

玉袋　前田さんのそういうポジティブな姿勢がいい！　道場では、ちゃんこ番もやったんですか？

前田　新弟子が俺ひとりのときは、ちゃんこ番とタクシーの配車係と救急箱係の3つをひとりでやったんだよね。それで、しばらくしたら佐山さんが『格闘技大戦争』に出ることになって、巡業から離れてキックの集中トレーニングを積むことになったから、佐山さんのかわりに猪木さんの付き人もやれって言われて、ひとりで4つやったんだよ。

玉袋　うわっ、すげえ。でも新日から脱走したことは一度もないんですよね？

前田　脱走しようと考えたことすらないね。メシは毎日たらふく食えて、まわりには自分にかまってくれる人がいっぱいいるんだから。

椎名　飯場生活に戻ることを考えたら、逃げる理由がないと。

前田　そのメシもね、当時の新日本の巡業は日本旅館に泊まることが多くて、各地の名物料理が出るんだよ。それプラス、プロレスラーが泊まってるからって、ビーフステーキがついてくる。

玉袋　夢のようですね！

前田　そのかわり、拷問のように食わされるんだけどね。道場にいるときはどんぶりにメシ5杯、ちゃんこ5杯の計10杯がノルマ。それが巡業に出ると茶碗で10杯になるんだけど、旅館の人が気を利かせてどんぶりを持ってくることがあるんだよ。それで「山本さん、どんぶりだったら5杯でいいですか？」って聞いたら、「ダメだ！　どんぶりでも10杯食え！」って言われて、もう必死に食ったよ。でも、いま考えると山本さんも俺の身体をなんとか大きくしてやろうと考えていたんだろうね。だから俺が10杯食い終わるまで、ビールを飲みながらずっと待っててくれたから。

玉袋　それだけ小鉄さんも前田さんに期待をかけていて、その後のおふたりの人間関係につながるわけですもんね。前田さんは寮長になったあと、後輩に対してはそんなにキツく当たらなかったんですか？

前田　キツくしごいたりしたことはなかったけど、一度、ハチベエ（山田恵一）とか佐野（直喜）、畑（浩和）、新倉（史祐）あたりが門限を破って、夜中3時くらいに帰ってきたことがあったんだよ。それを俺はリビングで待ってて、「おまえら、何時だと思ってるんだ！」って、リビング横のテラスに並ばせてスクワット3000回やらせたことはあったけどね。

椎名　朝までスクワット（笑）。

玉袋　前田さんは、先輩からいろいろイタズラされたって言ってましたけど、後輩になんかやったりはしなかったんですか？

前田　全然ないね。

玉袋　理想の寮長じゃないですか！

前田　いじめようとかそういう感覚はなかった。

椎名　なぜか、その後の世代にはあったけど（笑）。

前田　船木（誠勝）とハチベエでしょ？　あと鈴木（みのる）か。いちばん先輩のハチベエに船木が巻き込まれて、鈴木も調子に乗ってやってた感じでしょ。

玉袋　あの3人がいたから、その後しばらく新日本は新人が育たなかったっていうね。前田さんはコッチ（小指）に関しては早かったんですか？

前田　そうでもないよ。高3ぐらいのときに歳上のヤリマンの女のコがいてさ。

玉袋　プロレスのデビュー戦の相手は小鉄さんでしたけど、そっちのデビュー戦も歳上だったんですね。〝試合時間〟はどのくらいだったんだろう。秒殺かな？（笑）。

前田　いや〜、けっこう長かったんだよね。

玉袋　デビュー戦からロングマッチですか！

前田　なんかガバガバでね、これなら自分でやったほうが気持ちいい、みたいな（笑）。

玉袋　ガハハハハ！　そりゃ、なかなかフィニッシュを決められませんんね（笑）。

前田　それで新日本に入ってから、荒川さんか誰かが「おまえ、童貞だろ？」って言って、巡業中に福岡かどっかのソープランドに連れて行ってくれたんだよね。

玉袋　出ました、ドン荒川！

椎名　佐山さん、船木さん、武藤（敬司）さん、橋本（真也）さんだけじゃなく、前田さんも連れて行ってもらってたんですね（笑）。

玉袋　でも前田さんはデビュー後は、若手時代からかなりモテたんじゃないですか？

前田　当時の新日本のレスラーは凄かったんだよ。栗栖（正伸）さんでも、大城（大五郎）さんでも、どんな人でも最低全国に10人ぐらいいましたよ。

玉袋　港、港にいたんだな〜。

前田　当時、荒川さんなんて巡業が終わるたびに自慢してたもんね。「俺は今シリーズ、処女を15人ヤったぞ」って。わけのわからない。

ガンツ　なんの自慢をしてるんですか（笑）。

「フレディ・マーキュリーに会ったことがあるけど、『クイーン、クイーン』って言ってるから王室関係者かなんかだと思ってた」（前田）

玉袋　でも、そういうところも含めて、昭和の新日本プロレスのムードが好きだったね。いまの時代にはマッチしないけど、いい時代だったなってね。あとプロレスラーが英語を覚えるには、海外遠征で彼女を作るのがいちばん手っ取り早いって言いますけど、どうだったんですか？

前田　それは経験してからだね。俺なんか最初は「ディス・イズ・ア・ペン」は言えても「イズ・ディス・ア・ペン？」が聞けないレベルだったから。高校時代なんか英語が10段階評価で「1」だもんね。「先生、1がいちばんいいんですか？」って聞いたら「いちばんダメなんだよ」って言われてさ（笑）。

玉袋　のちに世界中にネットワークを築く前田さんが、最初はそんな感じだったんですか。

前田　当時、イギリス入りする直前にシャープからこんなゴツい電子辞書が出たんだよ。5万円くらいしたんだけど、それをイギリスに持っていって、なんか言われるたびにその電子辞書を押してもらって、意思の疎通をはかってたね。

玉袋　英語を覚えようにも、駅前留学なんてない時代ですからね。

前田　その電子辞書を誰がプログラミングしたか知ってる？孫正義なんだよ。孫正義はシャープの会長に直談判で「これを買ってくれ」って言って買ってもらって、そのお金でソフトバンクを作ったんだよ。

玉袋　あー、その話はなんか聞いたことありますね。翻訳の機械を売り込んだって。

前田　三木谷（浩史）とか、あのへんとは全然違うんだよ。

椎名　孫正義は自身がエンジニアなんですね。

玉袋　イギリスでの食事はどうだったんですか？

前田　イギリスはね、ウェイン・ブリッジが経営しているパブの3階に住まわせてもらって、そのパブはランチが出たんだよ。そのランチのメニューを自分でオーダーして。海外に出る際、体重が100キロだったんだけど、「115キロから120キロぐらいになって帰ってこい」って厳命されていたから、もうアホみたいにてんこ盛りを食ってさ。夜は自炊しなきゃいけないから、試合が終わって帰ってきたあとに調理場を借りて自分で作ってね。料理なんてたいしてできないから、とにかくステーキとサラダとご飯。

玉袋　ちゃんとお米はあったんですね。

前田　ロンドンのピカデリーサーカスに日本食品店があって、そこにカリフォルニア米とちっちゃい電気炊飯器が売ってたんで、それを買ってきて飯を炊いてね。

玉袋　帰国時、その厳命は守れたんですか？

前田　帰ってきたときには115キロになってたよ。

ガンツ　第1回IWGPに合わせて帰ってきたとき、かなりデカくなっていましたもんね。太ももが太くて。

玉袋　イギリスではけっこう試合も組まれたんですか？

前田　日曜だけ休みだったんだけど、それ以外は毎日だよ。多いときはダブルヘッダーで2試合やったこともあるし、日曜でも「どうしても出てくれ」って言われて出たこともあるしね。

玉袋　対戦相手は基本的に地元のイギリス人なんですか？

前田　俺はずっとメインイベントに出てたから、地元のレスラーと海外から来たレスラーの両方だったね。ただ、当時のイギリスマットは大きい選手があんまりいなかったんだよ。マックス・クラブトリーっていうプロモーターなんだけど、ビッグダディっていう自分の兄貴をトップにして、子ども好きの強いおじいちゃんみたいな感じで売ってたんだけど、それを嫌がってヘビー級のレスラーはみんなオポジションに行っちゃたんだよね。だから小さいのしか残ってなくて、マーティン・ジョーンズとか、あのへんでも大きめの選手ですよ。

ガンツ　マーティン・ジョーンズは、新日本でタイガーマスクとやってましたから、日本で言うジュニアヘビー級ですもんね。

前田　デカいのって言ったら、ヘイスタック・カルホーンみたいなのがいたくらいかな。

ガンツ　ジャイアント・ヘイスタックですね。

前田　そう、ジャイアント・ヘイスタックね。当時、ジャイアント・ヘイスタックがポール・マッカートニーが作った映画に出ていて、「会いたいな」って言ったら「会わせてやるよ」って話だったけど、結局会えなかったんだよね。

椎名　ポール・マッカートニーは会ってみたいですよね。

前田　でもアイツには会ったことあるよ。クイーンのフレディ・マーキュリー。

玉袋　えーっ！　凄いじゃないですか！

前田　俺がイギリスでウェイトトレーニングをしてるときに知り合ったボディビルダーがいるんだよ。当時、ミスター・イングランドだかミスター・ロンドンだかになってるヤツで、俺は知らなかったんだけど、そいつが〝コッチ〟でね。

玉袋　おー、二丁目系ですね。

椎名　怒涛の怪力（笑）。

前田　そうしたらある日、「ジャパニーズの肌はみんなこんなに綺麗なのか？　今度、ウチでお茶でも飲まないか？」って言ってきてさ（笑）。

玉袋　誘われちゃった（笑）。

前田　それをウェイン・ブリッジに言ったら、「それは行ったらダメだ。おまえ、睡眠薬かなんかを盛られて、ケツ掘られちゃうよ」って言われて。そうやってウェイン・ブリッジに注意される前だかに「今度、友達と会うから付き合ってくれないか？」って言われて、それがフレディ・マーキュリーでね。

玉袋　おー、すげえ！

前田　当時、俺も英語がよくわからなかったから、そいつが「クイーン、クイーン」って言ってるから、王室関係者かなんかだとばっかり思ってたんだよ。それで、そいつと男同士でベタベタしてたんで、「イギリスの王室にもオカマみたいなのがいるんだな」と思ったら、そいつがフレディ・マーキュリーだったんだよね（笑）。

「オランダ勢はウィリー・ピータースとかみんなやんちゃでしたよね。アウトサイダーというより、アウトレイジ（笑）」（椎名）

玉袋　最高！（笑）。

ガンツ　映画『ボヘミアン・ラプソディ』の現場にいるようですね（笑）。

玉袋　前田さんと海外のつながりは凄いよ。リングスだって、各国とのネットワークを前田さんが築いたわけですもんね。

前田　各国との交渉は全部自分で行ったよ。サムソナイトのカバンを持って。

玉袋　オランダはクリス・ドールマンさんがいたから、最初からつながりは強かったんですか？

前田　オランダとはUWFの時点で契約したんだよね。でも新生UWFが神（新二＝UWF社長・当時）たちと切れて松本大会で終わって。新体制で再出発するまで、日本人選手たちだけじゃなく、ドールマンの月給も俺がポケットマネーで全部出してたんですよ。

玉袋　うわぁ、そうだったんですか！

前田　でも結局、解散になっちゃって、俺がひとりになって。ドールマンから「大丈夫か？　解散したって聞いたぞ」って連絡が来たんで、「俺の失態でそういうことになってしまった。UWFはもうできないけど、契約金は返さなくていいから」って説明したんですよ。そうしたらドールマンが「それは困る。俺が面倒をみているヤツらは、格闘技がなかったら悪い道に巻き込まれて命を落とすようなヤツらだ。そいつらの人生のためにも、どうしても新しいプロモーションをやってほしい。俺も全面協力するから、やれるところまでがんばってみないか？」って言われて。それならやってみるかと思って、リングスを立ち上げたんだよね。

椎名　ドールマンのその言葉がなかったら、リングスもなかったんですね。

玉袋　ドールマンさん自身、若い衆の生業まで考えなきゃいけない立場だったんでしょうしね。放っておいたら、すぐ裏社会に行っちゃうんじゃねえかっていう。

前田　実際、リングスを11年間やったけど、そのあいだにオランダ人の選手がふたり死んだからね。リングスが終わったあともハンス・ナイマンが死んで。アイツらはTHE OUTSIDER、BREAKING DOWNのヘビー級版ですよ。

玉袋　そうですね。しかも武器持ってんだもん。

前田　だからBREAKING DOWNなんて、あんなんなんともないよ。

玉袋　オランダ勢は本職だからね。蜂の巣にされちゃってるんだから。

椎名　アウトサイダーというより、アウトレイジ（笑）。

玉袋　リングスでの試合も、サミングをやっちゃったりして乱暴でしたよね。

前田　アイツら、友達を連れてくるとカッコつけようとして、やりたい放題やるんだよ。

椎名　友達にいいところを見せようとするのも、いかにも不良ですね（笑）。

ガンツ　ドールマンが来ていないときは、好き勝手にやったりするんですよね。

前田　ドールマンは飛行機がダメなんだよね。乗り物酔いがひどくてさ。だから毎回毎回「来てくれ」って説得して来てもらってたから。あとオランダの連中はリング上だけじゃなくて六本木でも暴れるから。夜中に麻布署から電話がかかってきて、もらいに行ったこと何度もあったよ。

玉袋　前田さんが日本の保護者になっちゃうんですね。大阪時代は保護観察だったけど（笑）。

椎名　ウィリー・ピータースとかヘルマン・レンティングとか、やんちゃでしたよね。

前田　レンティングは真面目だったんだよ。ドールマンに言わせると、「もし戦争に連れて行くならレンティングだ」って。

玉袋　それぐらい命を張れる男だと。

前田　オランダの連中って、普段はクラブとかのバウンサーをやってるんだよ。で、レンティングは店で問題を起こしたマフィアをボコボコにしたら恨まれて、ある日、地下駐車場で4人に四方からピストルを突きつけられたんだって。普通、それで終わりじゃん？　でもレンティングはお尻のところにピストルを入れていて、4人をバンバンバンッて咄嗟に撃って返り討ちにしたんだよ。

玉袋　すげえ！

前田　本来は正当防衛なんだけど、レンティングは警察ふたりぐらいを不具にしてるからそっちにも恨まれてて、結局、実刑をくらって来られなくなったんだよ。

ガンツ　レンティングは人気あったのに、4～5年来日しなかったのはそういう理由だったんですか！

前田　そう。"中"に入っちゃって、来られなくなったんだよ。

椎名　リングス・オランダは本物ですね。

「そんなこと書いてませんから！（笑）。ドン・中矢・ニールセンにインタビューして、貴重な証言を載せさせていただいたことはあります」（ガンツ）

玉袋　オランダの次はロシアからも選手が来るようになりましたけど、選手を発掘するときは、向こうのスポーツ省の人たちと話をしたんですか？

前田　そう。だから国家の中枢の人間とか、軍隊の将軍にも会ったよ。それでリングス・ロシア大会の1回目をエカテリンブルクでやったとき、エリツィン（大統領）が来る予定だったんだよ。暗殺されるかもしれないから来なかったけど。

玉袋　オランダとはまた違って、こっちは国家規模で物騒だよ（笑）。

前田　俺も山本（宜久）を連れて1カ月近くロシアへ練習に行ったことがあるんだけど、そのときはエリツィンの別荘を貸してもらったから。

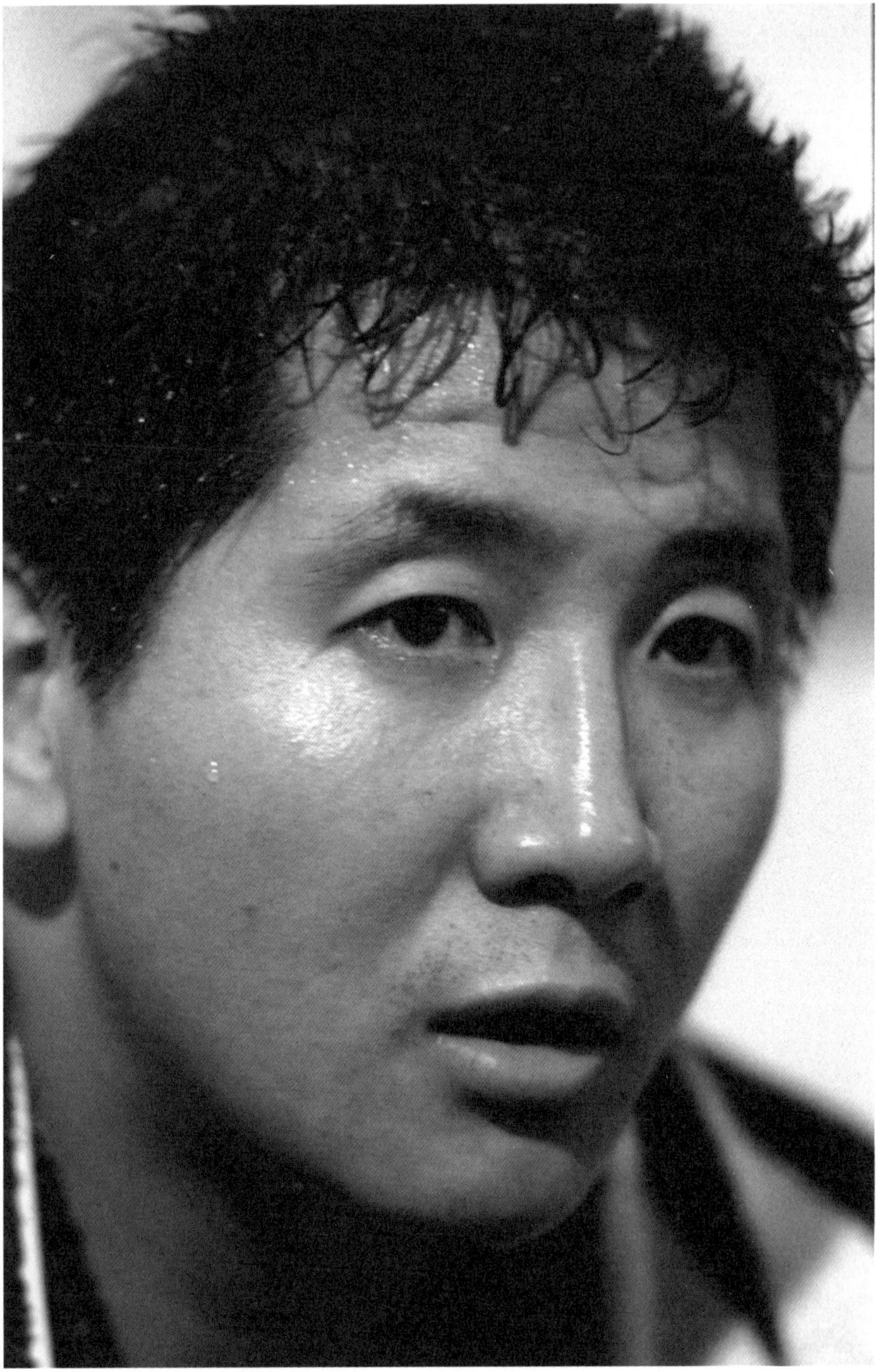

玉袋　すげえ話だな〜。前田さんは、ロシアとかで選手を発掘する際、現地の選手たちと実際に肌を合わせてスパーリングをやったりしたんですよね？

前田　ちゃんとやったよ。俺自身はそういうつもりじゃなかったんだけど、当時の世界サンボ連盟副会長だった堀米（奉文）さんがロシアまで同行してくれて、メダリストとかがずらりと集まってね。そこからどうやって選ぼうかと思ってるとき、堀米さんが「やってみたらいいじゃない」って言うんだよね。そこで「いや、ボクはできません」なんて言えないからさ、「こんな得体の知れないヤツらとやって大丈夫かな」と思いながらもスパーリングしてみたら、なんともなかったよ。

玉袋　そうやって信頼を勝ち得て、ネットワークを広げていったわけですね。

ガンツ　リングスができるまで、世界的にもプロの総合格闘技なんてないに等しかったわけですもんね。

前田　だから俺は最初にロシアに行ったとき、こうやって説明したんだよね。「ただ選手として日本に来てほしいというんじゃないんだ」と。向こうもペレストロイカで経済が自由になって食っていかなきゃいけないから、「ロシア人も日本のリングスと同じく、自主独立興行形態でやろう」と。「そのための興行のノウハウや資金援助も含めて応援する。それでこっちがお金を取るようなフランチャイズみたいな形ではないから」って。それで各国で自主興行ができるようになったんだよ。

ガンツ　実際、ロシアでもオランダでも定期的に大きな大会を開いてましたもんね。

前田　あれをすべてフランチャイズ制にして、収益のパーセンテージを日本のリングスに納める形にしていたら、俺はいまごろ、東京のど真ん中に大豪邸を建てて、葉山マリーナにクルーザーを所有して、調布にムスタングを持ってたよ（笑）。

玉袋　だからこそ、いまリングスが再評価されているわけですよね。そっから、（エメリヤーエンコ・）ヒョードルなんかも出てきてね。

ガンツ　日本でもリングスができたことで、プロ格闘技というものが本格的に始まりましたよね。それまでキックボクシングやシュートボクシングといった立ち技以外は、シューティングが細々と続けていただけだったのが、リングスができて、そこに正道会館がくっついて、格闘家が本当の意味で「プロ」になっていったという。

前田　なに、今日は急に俺のことを褒めて。

ガンツ　いやいやいや（笑）。

前田　コイツ、「前田はニールセンとわけのわからない八百長みたいなのをやったんじゃないか」とか書いてたくせに（笑）。

ガンツ　書いてませんから！（笑）。ドン・中矢・ニールセンにインタビューして、貴重な証言を載せさせていただいたことはありましたけど。

前田　この業界は本当にね、ジェットコースターみたいに上げたり下げたりするからね。何を信用したらいいかわからないよ。

玉袋　我々を信用してください。『KAMINOGE』は大丈夫です！（笑）。

椎名　ボクらは「前田の兵隊」ですから！（笑）。

ガンツ　でも「リングス」っていう団体名もまたよかったんですよね。

玉袋　いいよ！

前田　リングスのマークって、あれ人種なんだよ、人種。

椎名　なんかロサンゼルスオリンピックのデザインに似てません？　グラデーションの感じがオリンピック感あるなと思ってたんですけど。

前田　いや、輪を5つにしたらオリンピックだけど、3つにしたんだよね。あれは人種の黒人、黄色人種、白人なんだよ。

玉袋　そういう世界各国の人たちに、リングスのスタイルを啓蒙していったわけですよね。

「オランダはリングサイドの客がみんなマリファナを吸ってるんだよ。だから試合後、選手たちは控室でみんなゲーゲー吐いてた」（前田）

前田　日本でだって、総合格闘技なんて最初は理解されなかったんだよ。最初にリングスで日本武道館を借りようとしたとき、断られたからね。「そんな喧嘩みたいな大会には貸せない」って。でも武道館に通い詰めて、ルールブックを見せて、ビデオを観せて説明したら、「こんなに真面目にやってるんですね。わかりました」って、ようやく認めてもらえたから。

椎名　オランダでも、クリス・ドールマンたちがテレビ番組に出て「総合格闘技は暴力じゃなくてれっきとしたスポーツなんだ」ということを説明していましたし、そういう苦労があったんですよね。

前田　ドールマンには苦い経験があってね。リングスの前に自分で2回、バロカイっていう総合のプロモーションをやったんだけど、中止命令が出てできなくなったんだよ。

ガンツ　椎名さんはリングス・オランダ大会に行ってるんですよね？

椎名　行ってるんですよ。まあ、荒っぽい試合の連続でした。

前田　オランダは、リングサイドの客がみんなマリファナを

吸ってるんだよ。だから試合中、選手たちが呼吸するたびにマリファナの煙が入ってくるんだよ。試合後、控室でみんなゲーゲー吐いてたもんね。

玉袋　椎名先生もよくオランダまで行ったね。

椎名　オランダの街を歩いていたら、まわりのオランダ人たちが「シーナ、シーナ」って言うんですよ。なんで俺のことを知っているのかと思ったら、「チャイナ」のことで、「シナ、シナ」って馬鹿にして言ってたんですよ。荒い人たちだなと思って（笑）。

前田　日本では英語で「チャイナ」って言うんけど、本当は英語でも「シナ」なんだよね。

椎名　そうだったんだって、そこで知りました。最初は「よく俺の名前を知ってんな」と思ったけど（笑）。

前田　オランダ人って、自分がオランダ人であることに凄くプライドを持っているんだよね。なんでかって言ったら、オランダの国土は海抜よりも低いところにあって、たびたび大洪水の被害に遭ってるんだよ。海の水が陸に入り込んで、土地は塩分を含んでいるから牧草も生えないし、農業もダメ。そんな厳しい環境で生きてきたオランダ人であることの誇りを持ってるんだよね。

玉袋　先祖代々、そこで生き抜いてきたわけですもんね。

前田　だから「神は人間を作ったけれど、オランダはオランダ人が作った」って向こうの人間は言うんだよ。オランダ人にはそういうガッツがあるんだって。

玉袋　リングスも海外関係は凄い話がいっぱいあるんじゃないですか。

前田　掃いて捨てるほどあるよ。

玉袋　あるでしょうね。

前田　ドールマンもいろんな話があってさ。ドールマンはミュンヘンオリンピックの柔道オランダ代表選考会の決勝でさ、（ウィレム・）ルスカに勝ったんだよね。だけど結局、代表に選ばれたのはルスカだったんだよ。選考会の決勝ではたまたまドールマンが勝ったけど、これまでの戦績はルスカのほうが安定的に勝っているという理由で。「だったら代表選考会なんて意味がないじゃないか！」ってドールマンは怒ってアントン・ヘーシンクと喧嘩して、柔道連盟を除名されたんだよ。それでドールマンはサンボに行ったんだよ。

ガンツ　柔道家だったドールマンが〝サンボの帝王〟と呼ばれるようになるのは、そういうきっかけがあったんですか。

前田　それでドールマンは柔道連盟から干されて、段位も取り上げられて食えなくなって、マフィアの親分の用心棒になったんだよね。その頃にドールマンは、自分が守っている親分を銃弾が飛び交うなかから救出したっていう話があって、そういうドールマンにオランダの不良連中が憧れて集まってきて。ドールマンは金も取らずにそいつらに格闘技を教えながら、「おまえ、不良をやってるけど、飯は食えてるのか？ 食えてないなら俺がバウンサーの仕事を用意してやるから、ちゃんとやれよ」って言ってできたのが、リングス・オランダなんだよ。

玉袋 ドールマン、すげえな～。山口組三代目みたいな感じですね。

前田 ほとんどそうだよね。

玉袋 任侠の世界の親分なんだな。

前田 そういうおもしろい話はいろいろあるよ。

椎名 そのリングス・オランダから、アリスター・オーフレイムみたいな選手も出てくるわけですよね。ドーピングで引っかかったこともあったけど、一時期はキックでもMMAでも世界一強くて、「誰が勝てるんだ？」っていう状態で。

前田 アリスターはリングスに初めて出たときは17か18歳で、体重も90キロぐらいしかなかったんだよね。当時は兄貴のほうが全然強かったんだよ。

椎名 ヴァレンタイン・オーフレイムは打撃だけじゃなくて、フロントチョークも強くて。

前田 力がもの凄く強いんだよ。（第2回）KOKトーナメントに兄貴のほうを出して、初戦がレナート・ババルだったんだけど、試合前にアドバイスを求めてきたんで、アキレス腱固めのコツを教えたんだよ。「どうやったらいいかわからない」って言うから、「思いっきり脇を締めてロックして、渾身の力でやれ」って。オーフレイムはそれでババルの足を破壊したんだよ。ババルは優勝候補だったんだけどね。

「俺はカレリンにインタビューしたとき、『もし前田が勝ったら、北方四島を返してくれ』って言ったんだよ（笑）」（玉袋）

ガンツ 番狂わせでしたよね。そして決勝トーナメントでは、準決勝でUFC王者のランディ・クートゥアもギロチンチョークで絞め落として。

玉袋 メガバトルトーナメントもさ、世界各国から集まってるからオリンピック感があるんだよな。来日から帰国するまでのバックステージで選手たちをアテンドする人たちも大変だったろうなって思いますよ。

椎名 トーナメント決勝が終わったあと、各国の出場選手たちがみんなリングに上がって、アットホームな交換会がおこなわれるのがいいんだよね。

玉袋 いいんだよ。世界の国からこんにちはだもん。万博よりずっといいよ。

前田 リングスに参戦して、選手としては無名で終わっちゃったけど大金持ちになったってヤツはいっぱいいるんだよね。ブルガリアのディミータ・ペトコフとあとソティル・ゴチェフ。あのふたりが組んでブルガリアでカジノを始めたんだよ。いま、あのふたりはカジノ王だから。

玉袋　すげえ。リングス・ブルガリアからカジノ王が生まれてるんですか！

前田　ロシアなんかも凄いよ。リングス・ロシアの関係者で、選手にくっついてきたヤツがいて、「お金儲けの話をしないか？」って言うんだよ。1991年とか1992年頃。

ガンツ　まさにリングスが始まった頃ですね。ソ連が崩壊した直後。

前田　その頃って、ベルーガの青缶あるじゃん。

玉袋　はい、キャビアですね。

前田　あれ、カスピ海で採れるんですよ。グルジアの脇がカスピ海で、そこにベルーガの工場があって。当時グルジアに行ってみると、日本には売ってない1キロあるベルーガの缶詰があって、それがたった1ドルだったんだよ。

玉袋　うわっ、安すぎる！

前田　だから、それをグルジアでいっぱい買ってきて日本で売れば金になるぞって言ったんだよね。そうしたらその売った金で、今度は日本で中古車を買うんだよ。90年代初頭って、日本の中古車で10年、15年経ったやつは5万とか10万で買えたんだよ。そして当時は古タイヤを処分するのにもお金がかかったから、「くれ」って言ったら古タイヤをタダでくれるんだよね。その安く買った中古車とタダでもらった古タイヤを船でウラジオストクに運んで向こうで売って、大金持ちになったヤツがいるよ。だから一時期、ウラジオストクに日本車がいっぱい走ってるって言われたでしょ？　あれ、俺が火付け役。

玉袋　ワハハハハ！　凄いよ。豊田章男より凄いよ。

前田　それで俺は1銭ももらってないからね。金を取ってたら、いまごろ大豪邸に住んで、クルーザーを乗り回してたんだけど（笑）。

玉袋　だから栃ノ心もジョージア出身、昔で言うグルジアだから、相撲を辞めてワインを売って儲けてるんだよね。

前田　あのへんの東欧や旧ソ連圏から来た相撲取り、琴欧洲とかいろいろいるじゃん？　あれに俺も一枚噛んでるんだよ。

玉袋　そうなんですか？

前田　なんでかって言うと、琴欧洲が出る何年か前にオリンピックでアマレスの130キロ級が廃止になったんだよ。で、向こうの大きな選手をみんなリングスに出してくれって言うんだよね。でも当時のリングスは選手が飽和状態だったし、130キロ級はちょっとヤバいなと。俺もケガだらけだったし、「こんなの相手にしたらえらいことになるぞ」と思って、ある人を通じて相撲を紹介したんだよ。そうしたら数年後、琴欧洲とかいろいろ出てきたからね。

ガンツ　琴欧州とかブルガリア人の力士やジョージア人の力士が出てきたとき、ルートはリングス・ブルガリアやリングス・グルジアと一緒なんだろうなと思っていたんですけど、やっぱりそうだったんですね。

玉袋　旧ソ連圏に関してはリングスは凄いもん。前田さんは、アレキサンダー・カレリンとまで肌を合わせちゃってさ。俺、あんときリングスの特番でリポーターとしてカレリンにインタビューして、「もし、この試合で前田が勝ったら、北方四島を返してくれ」って言ったんだよ（笑）。

ガンツ　国際問題になりかねないギリギリのジョークを（笑）。

玉袋　カレリンも笑ってくれたからよかったけどね（笑）。

前田　カレリンに関してもおもしろい話がいっぱいあるよ。

玉袋　やっぱりそうなんですね。

ガンツ　そのへんもいろいろ聞きたいんですけど、じつは制限時間をオーバーしちゃってまして。

玉袋　なんだ時間切れか。あっという間だな。

椎名　もう2時間経ってるもんね。

玉袋　では前田さん、またあらためていろいろお話聞かせてください。

前田　ロシアなんかにしても、国家規模のおもしろい話がまだいっぱいあるからね。

玉袋　やっぱ、すげえわ。今日はありがとうございました！

プロレスがわかれば世の中が、
そして世界が見えてくる。

斎藤文彦×プチ鹿島

プロレス社会学のススメ

活字と映像の隙間から考察する

司会・構成：堀江ガンツ　撮影：タイコウクニヨシ

第52回 マリーゴールド旗揚げにバディ・ロジャースを想う。

5月20日、東京・後楽園ホールで噂の女子プロレス新団体「マリーゴールド」が旗揚げ戦をおこなった。

旗揚げ戦前から賛否両論が巻き起こっている、このロッシー小川氏率いるマリーゴールドが、プロレス界に示すものとは何か？

当然のように我々は、これまでのプロレスのヒストリーを思い起こしながら、深読みを含めて検証してみた。

すると1940年代後半、全米一のスーパースターだったバディ・ロジャースにまで辿り着いてしまったのだった。

「ロッシー小川さんは67歳にして、生活の安定よりも自分の理想のプロレスをプロデュースしたいという気持ちのほうが強かった」（斎藤）

――この号が発売される頃にはすでに旗揚げ戦（5・20後楽園ホール）は終わっていますが、ロッシー小川さんが設立した「マリーゴールド」は、良くも悪くもひさしぶりに業界を騒がせた新団体旗揚げですよね。

鹿島　好事家たちも含めて、いろんな人が食いついているところがいいですよ。

――最初から賛否両論が巻き起こっていて、旗揚げ前からもうアンチがいるっていう（笑）。

斎藤　そこもプロレスっぽいですね（笑）。

――団体が分裂する生々しさをひさしぶりに感じて、不謹慎ながら興奮してしまいました（笑）。

鹿島　そもそも不謹慎、非常識なことを内包したものがプロレスであり、それを見てボクらは育ったわけですから。先日、博多大吉先生のポッドキャスト（『いったん、ここにいます！』）に出演させてもらってプロレスの話もがっちりしてきたんですけど、当然「ロッシー小川さんをどう思いま

すか？」みたいな話になったんですよ。大吉先生も「もう何度目だよ、ロッシー」みたいなことを言っていて（笑）。こういうザワザワするようなことが、ボクらは大好物ですからね。

——でも、いまはけっして〝円満〟じゃない退団や独立に対して、不快感を示す人も多いですよね。オカダ・カズチカみたいな団体側が壮行試合をおこなうような退団はいいけど、喧嘩別れに見えるものは「退団する側のわがまま」みたいに捉えられることが多くて。

鹿島　だからマリーゴールドにも旗揚げ前からアンチがいるわけですよね。でも大きな会社が仕切って、問題なく運営されることは理想かもしれませんけど、それとはまた違う「この人が旗揚げするからついて行きます」みたいな人間の情というか喜怒哀楽。「そこを見るのもたまらないんですよね」っていう話を、ボクは大吉先生としてきたんです。それを「円満じゃないからダメだ」みたいに切り捨てるのは、あまりにも狭量じゃないかな、という気もしますよね。

斎藤　もし円満じゃなかったとしても、それはどちらか一方に原因があるわけじゃなくて、もちろん小川さんは小川さんで正当な言い分があるわけです。たとえばスターダムをブシロードに売る際、小川さんはオーナーではなくなるけれど「エグゼクティブ・プロデューサー」の立場で団体に残り、プロレスのソフトウェアの部分、つまりクリエイティブに関することはすべて小川さんが取り仕切り、ハードウェアにあたる経営面、興行日程、チケット販売、マーチャンダイズ、グッズ展開などはブシロードということで棲み分ける約束だった。ところが、気がついたらブシロード側がプロレスのクリエイティブに関してもどんどん介入してきて、小川さんが除外される流れになっていったので、「これじゃあ約束が違う、やってられない」と感じたことが、新団体を旗揚げしようと思ったモチベーションだった。

——そもそも不満なり、自分がどうしてもやりたいことがあるからこそ独立するわけですもんね。

鹿島　表面的な〝円満〟にそこまでこだわる必要があるのか、とも思うんですよ。たとえ「円満退団です」と言ったところで、それを額面通りに受け取っていいのか。揉めているからこそ円満って言っている可能性もありますからね。プロレスというのは本当に社会の縮図、合わせ鏡だと思っていて、「そういうふうに言われてるけど本当はどうなの？」「もしかしたらこっちの人にも言い分があるんじゃないかな？」っていうことを多角的なところから考えさせてくれるものじゃないですか。

斎藤　レスラーの退団や団体の分裂騒動が起こる理由はひとつじゃない。そんなにシンプルに説明がつくものであるはずがない。UWFが3派に分かれたときのわからなさというのは、いまだに多くの人々の記憶に残っている。

——それぞれの思いが絡み合いまくって、

当の選手たちですら、ほかの選手がなぜあっちの団体に行ったのかわからなかったりしますもんね。

鹿島　そこに興味を惹かれるからこそ、30年経ってもいまだに語られる部分もあるわけですしね。

斎藤　小川さんはもう67歳だし、エグゼクティブ・プロデューサーとしていい給料をもらっていたはずだから、「まあ、このままでいいや」と会社の意向に従ってさえいれば、わりとラクに生活することはできたと思うんですよ。だけど、生活の安定よりも自分がこうだと考えるプロレスをプロデュースしたいという気持ちのほうが遥かに強かったから、〝最後のチャレンジ〟に出た。

――損得を超えて、自分のやりたいことをやるという。

鹿島　それは今回、マリーゴールドに参加した選手も同じですよね。スターダムは企業の傘下にあるしっかりとした団体だけれど、そこをわざわざ自分から辞めてロッシー小川さんについていく選手があれだけいるというのがおもしろいし、興味深い。観客席からでは窺い知れない、人の感情の揺れ動きみたいなものをなんとか理解しようっていうのもプロレスの楽しみだと思います。

「いま何が必要なのかを考えることよりも、ルールを守ることが最優先になっている。そのルール自体がおかしかったら変えるべき」（鹿島）

――あと、ロッシーさんはレスラーじゃないですけど、なんかひさしぶりに〝座長レスラー〟が一座を旗揚げした感がして、何を見せてくれるのか楽しみなんですよね。

斎藤　小川さんはレスラーじゃないだけで、つまりリングに上がって試合をしないだけで、〝プロレス人〟です。プロレスの専門家です。

鹿島　座長の〝顔〟が見えるっていうのは、わかりやすいですよね。「この人がちゃんとメッセージを出しているんだな」っていう。

――座長の顔が見えないと、団体の色もぼやけると思うんですよ。映画でいう製作委員会方式的というか。ビジネスが大きくなるとそうならざるをえないように思われますけど、あの巨大なＷＷＥでもクリエイティブに関する決定権はトリプルＨにあることが明確だからこそ、団体の〝人格〟がしっかりとある。

斎藤　ビンス・マクマホンの影を消し去って、新体制になったことを全面的にアピールしていますね。

――その団体が提供するものが自分に合うか合わないかはともかく、見る側にとっては「何を見せてくれるのか」に興味がいくのが普通だと思うんですけど、ＳＮＳを見ていると「企業がバックについていないのに、プロレス団体経営なんてできるわけがない！」みたいな大合唱が起こっているのが、また興味深いなと。

斎藤　それはあまりにもプロレスというジャンルのことを知らなさすぎる。ジャイアント馬場さんの全日本プロレスに企業のバックなんかついたことはないですよ。

鹿島　地上波のテレビがついていたにしろですよね。大仁田厚さんなんか、電話一本引いただけで旗揚げしてるんだからっていう（笑）。

――何か、ブシロードやサイバーエージェントの意向に従わないのは悪、みたいな風潮が不思議と広がっている気がするんですよ。

鹿島　これって社会に通じている話だと思いますよ。能登半島地震が起きたときに、政治家主導じゃないボランティアが「勝手に被災地に行くな！」ってもの凄く叩かれたじゃないですか。

――被災者は一刻も早い支援を望んでいるのに、行政主導じゃないボランティアへの憎悪を剥き出しにする謎の風潮ですね。

鹿島　いま何が必要なのかを考えるのではなく、公式らしきものがあればそっちに乗りたいみたいな。そして、それを逸脱しようとしている人が凄く叩かれる。「ルールを守る」ことが絶対みたいな感じですけど、そのルール自体がおかしかったら変えるべきだし。

斎藤　いま、いったい何ができるのか、どうやったらいまそこにある現実の状況をベターなものにできるかを考えるのではなく、政府の発表や大きなメディアの報道の流れに従うべき、みたいな人がＳＮＳ空間には多いですよね。

鹿島　声を挙げている人たち、主張する人たちに対して無きものにしようみたいな。たとえばボクは選挙を漫遊するのが好きなので、一昨年、沖縄県知事選を見に行ったんですよ。そのとき、辺野古のゲート前でけっこうお年を召した方が、新基地反対の抗議をしていたんですけど。ネットを見ると「おまえ、それは道路交通法違反だろ」とか書いている人がいる。

――政府が沖縄県の意向を無視して代執行することはまったく問題にせず、それに対する抗議が道路交通法に抵触するかどうかをことさらに問題視するという。

鹿島　抗議の声を挙げる人たちの切実な状況をまったく知らない県外の人たちが、「ルールを守れ！」みたいなことで話をずらそうとするようなことに、なんかちょっと似ている感じはありますよね。

斎藤　何が問題であるか、本質を捉えなければいけない。

――昔、前田日明が長州力への顔面蹴撃事件を起こして新日本をクビになったとき、ファンはみんな前田を支持して新生ＵＷＦ人気が爆発したことがありましたけど。あれがいまだったら前田への非難が殺到して、全会一致で「解雇支持」だったんじゃないかな、と思ったりして（笑）。

鹿島　「暗黙のルールを破るな！」の大合唱が起こっていたかもしれないですね（笑）。

――ただ今回、ロッシー小川さんはそういった自分に対する批判の声が出るのは百も承知で、それをうまいこと話題作りにしているところもありますよね。ＷＷＥやサイバーファイトとどのくらい関係が深いのかはうまくぼやかして、想像の余地を残していたり。

斎藤　だから新団体マリーゴールドの試合がレッスルユニバースで生配信されるとなったら、「スターダムから独立したと言っておいて、じつはサイバー傘下なんだろ」とか「新団体の資金源はABEMAだ」とか「ロッシーはWWEの日本エージェントだ、NXTジャパンだ」とか、根拠も裏づけもない噂がもの凄い勢いでSNS空間を飛び交っている。それは日本国内だけでなく、今回はかなり広い範囲の英語圏でも。

「ネット上では事実と異なる情報が一定の影響力を持って一人歩きしてしまいがち。だけど小川さんは『ニュースを作る』と言っている」（斎藤）

――しかも、それが悪いことのように（笑）。でも、そうやって旗揚げ前に妄想込みでいろいろ語られるのがおもしろいですよ。

鹿島　推理小説のように、あとで答え合わせができたりするおもしろさですよね。

――ロッシーさんも、わざとサイバーエージェントの本社前で撮った写真をSNSにアップしたりして（笑）。

鹿島　いまは〝匂わせ〟を楽しめない人が多いですよね。本気で怒る人がいたりして（笑）。

斎藤　先月も話しましたけど、WWE「ホール・オブ・フェイム」で、ボクがCMパンクの隣に座っているのがテレビに映り込んでいたとき、アメリカの一部マニアが、パンクの横にいたボクのことを小川さんだと勝手に思い込んで、「ほら見ろ、ロッシー小川の新団体はNXTジャパンなんだ」って、凄く盛り上がったりしました（笑）。

鹿島　いまは行間を解釈せずに、凄く直接的に考えてしまう人が多いですよね。WWEやノアと関わっただけで、一足飛びで下部組織みたいに言われたりして。

斎藤　そういった噂話や妄想をファン同士でわーわー言い合うこと自体は昔からあったんだと思いますが、それがいまはネット上で瞬時にして読めてしまうので、根も葉もないことでも羽根が生えたように拡散していくわけじゃないですか。だから、事実と異なる情報が一定の影響力をもって一人歩きしてしまいがちな状況にあると思います。

――マリーゴールドに関しては、根拠のない噂話も含めて話題になっているのは、良くも悪くも凄いと思いますね。

斎藤　小川さんは「ニュースを作る」と言っています。

――ロッシーさんは、自分が悪者に見られることも認識してやっている気がするんですよ。

斎藤　まあ、ベビーフェイスなルックスではないことはたしかですからね。

――非難は自分に集中させて、マリーゴールドの選手にはいかないようにしてるんじゃないかな、と。

鹿島　そういう意味では、アンチと呼ばれる人たちも含めてみんな踊らされているのかもしれない。ロッシー小川さんはやり手ですね（笑）。

――だから旗揚げ戦も、チケットの売れ行きも凄いじゃないですか。

斎藤　すぐに完売しましたね。

——いまや新日本ですら後楽園の集客に苦労しているのに、即完売は凄いと思うんですよ。あれはマリーゴールドを応援したい人だけじゃなく、「旗揚げ戦だから」という初物マニア、事件マニアと、「何をやるのか見届けてやる」というアンチも含めての売れ行きだったと思うんですよね。

鹿島　いやー、気持ちがわかります（笑）。ボクはこのあいだの衆院補欠選挙で乙武洋匡陣営に小池百合子が応援演説するっていうその第一声を見に行きましたからね。乙武さんには小池さんがどう見てもくっついているのに「無所属だ」って主張して、「そんなわけねえだろ！」と言われるなか、応援演説で小池さんが何を言うんだろうって。そういった野次馬根性の人たちも含めて、いろんな人が集まってきているわけですね。

——古くはSWSの旗揚げ戦もわざわざアンチが横浜アリーナまで行って、週プロのFAX通信に「こんなにひどかった」みたいなリポートを送ったりしてましたからね（笑）。

鹿島　それが東京ドーム大会あたりになってくると、「なかなかいい試合じゃねえか」って思っちゃったりもして（笑）。

——天龍＆ハルク・ホーガンvsロード・ウォリアーズを組まれたら、さすがに観に行かざるをえない、みたいな（笑）。

斎藤　それほど宣伝もせずWWEから15選手くらい出ていましたからね。

鹿島　ボクも疑心暗鬼のまま「2階のいちばん安い席で観てやろう」ってSWSの会場に行ったことがあるんですけど、外国人レスラーが豪華なだけじゃなく、中盤で阿修羅・原さんらがゴツゴツとした試合をしていて、2階席までヘッドバットの音が聞こえてきたんですよ。「これ、いいプロレスしてんな」「週プロに踊らされてたかもしれない」って思っちゃったことがありました（笑）。そういうのも含めて、やっぱり現場が大事ですよ。

斎藤　そうですね、プロレスはやっぱり現

KAMINOGE FORUM

場で体感しないと。

——今号が出る頃にはマリーゴールドの旗揚げ戦は終わっていますけど、我々もこれは行かなきゃいけないですね。

斎藤　もちろん。

鹿島　ボクもひさしぶりにスケジュールを確認しましたからね。「あっ、この日は絶対に行こう！」って。

「ロッシーさんにとっては大谷翔平のホームランボールよりも、キング・ハクのサインのほうがよっぽど重要なんだと（笑）」（鹿島）

斎藤　いろいろな視点から旗揚げ戦というシチュエーションを観たいですよね。入場ゲートは作ってあるのかなとか。

鹿島　それとお客さんの雰囲気ですよね。どういう人が旗揚げ戦を観に来ていて、どんな反応を示すのか。そこで野次を飛ばす人がいるのかどうかまで。

斎藤　アンチではなくても様子見の人も多いでしょう。「もし試合内容がよくなかったら、ボクは応援できないな」みたいな。だから旗揚げ戦の内容は凄く重要です。

鹿島　いやー、楽しみですねえ。

——「マリーゴールド」という団体名も話題になりましたよね。

斎藤　小川さんは、これまで自分が設立した「アルシオン」や「スターダム」と同様、ワンワードで表したかったみたいなんですね。つまり勝手に略称をつけられないように。それで「マリーゴールド」という名称にした。

——団体名の由来は、あいみょんの曲だとか花言葉だとか言っていますけど、じつはちゃんと〝プロレス用語〟のひとつでもあるんですよね？

斎藤　アメリカのプロレスの歴史背景で言えば、「マリーゴールド」っていうのはまったく新しい単語ではないんです。１９４８年頃から１９５０年代までのプロレスのメッカがシカゴだった時代、ドゥモンネットワークという全米ネットワークのテレビ局がシカゴにあって、そのネットワークに乗ってシカゴのマリーゴールド・ガーデンというアリーナで定期戦が開催されていたんです。

鹿島　マリーゴールド・ガーデンという会場があったんですね。

斎藤　そこでバディ・ロジャースやパット・オコーナー、髪の毛がまだあった頃のバーン・ガニア、ウィルバー・スナイダー、若くて動けるザ・シークなどが活躍していた。戦後、日本と同じようにアメリカでもテレビの普及と同時にプロレスブームが起こったんですが、その舞台のひとつがシカゴのマリーゴールド・ガーデンだったです。

——だからロッシー小川さんは、「あいみょんが好きだから」とかトボけながら、かつてのマリーゴールド・ガーデンのようなプロレスブームを巻き起こしてやろうという野心を込めて、「マリーゴールド」と名づけたんじゃないか、という気もしますよね。

斎藤　60代以上の気合いの入ったアメプロ・マニアはマリーゴールド・ガーデンの名を知っているので、そういう意味でも無言のメッセージもあるのかもしれない。

鹿島　会見では「あいみょんが好きだから」とわざとミスリードするようなことを言いながら、むしろその言葉の源流にはプロレスの歴史が隠されているという奥深さ。これもまたプロレスにとって大事な行間を読むという行為ですよね。「わかってるヤツはわかってるよね?」っていう目配せをちゃんと受け取れるかどうか。

――ロッシー小川さんは、元祖プロレスマニア世代じゃないですか。テレビでプロレスを観るだけでは飽き足らず、『ゴング』のような専門誌を読み込んで、FC誌を作ってしまうような、いわばプヲタの始祖のような世代（笑）。

斎藤　小川さんは『レッスルマニア』に招待されて、バックステージでは今年、WWE殿堂入りしたサンダーボルト・パターソンにサインをもらっているんですよ。しかも、わざわざ日本からサインを入れるための色紙をたくさん持ってきて。ボクはそのシーンを目撃してしまった。

鹿島　用意周到に色紙持参というのがさすがですね（笑）。

斎藤　キング・ハクのサインももらっていて、「正式にキング・ハクのサインはもらったことなかったから」と言っていました。

――「プリンス・トンガ時代は持ってるけど」みたいな（笑）。

斎藤　何が何でもコンプリートしないと嫌なんじゃないかと思うんですよ（笑）。

鹿島　たぶんロッシーさんは、大谷翔平のホームランボールよりも、レジェンドレスラーのサインのほうがよっぽど重要なんでしょうね（笑）。

斎藤　それから小川さんは、ハルク・ホーガンの本物のサインが入った額縁入りの大きなカラー写真パネルを何百ドルか出して買ったんですね。67歳の業界関係者が、プロレスグッズを買い漁るくらい、いまのいまでもプロレスマニアなんです。

――そういうマニアだからこそ、「マリーゴールド」という名前も出てきたんでしょうね。

斎藤　もっとマニアックなことを言ってしまえば、アントニオ猪木さんが23歳で東京プロレスを作ったとき、ジョニー・バレンタインを破りUSヘビー級王座のベルトを奪取しましたけど、そのベルトのルーツが、まさにシカゴのマリーゴールド・ガーデンで使用されていたUS王座で、デザインもそっくりに作ってあったんです。

「たかだか70年の歴史にまるっきり関心を持たない層が一定数いますから、プロレスの歴史を新しい世代に伝えていくことは重要です」（斎藤）

――そう考えると、スターダムは新日本プロレスの子会社になりましたけど、マリーゴールドはそのさらに源流を目指すみたいな意味が隠されているのかも（笑）。

鹿島　そんなメッセージがあるかもしれないですね。おそらく深読みしすぎですけど（笑）。

斎藤　ちなみにマリーゴールドは花言葉にポジティブなものとネガティブなもの両方が入っている珍しい花で、ひとつは「勇者」や「可憐な愛情」「友情」、もう一方は「嫉妬」や「裏切り」という意味もあるらしいんです。

——それこそプロレスにふさわしいですね。

鹿島　プロレスは多面的なものですからね。だから今回、マリーゴールド旗揚げにあたって、ロッシー小川さんからの「あなたはどれだけ行間を読めるんですか?」というメッセージがあるのかもしれない。単なるあいみょん好きのおじさんじゃないんだ、と(笑)。

斎藤　小川さんがあいみょんを聴いているとは思えないですからね(笑)。マリーゴールドという団体は、おそらく美を追求したときの絶対的な主人公はジュリアに見えるんだけど、もうひとり、身体能力や持久力を含めた女子プロレスラーとしての強さを持った林下詩美がいることも大きい。

——ライオネス飛鳥的な、伝統的な〝赤いベルト〟が似合うチャンピオンですよね。

斎藤　きっとプロレスの王道をいくと思いますよ。高橋奈七永はおそらく選手としてだけでなく、コーチとして選手育成の役割を期待されているだろうし。

——高橋奈七永は最後の全女のエースですもんね。

鹿島　押さえるところは押さえていて、いい感じですね。

——あとロッシー小川さんは「昭和のおもしろいエッセンスをスパイスとして注入したい」とか、「昭和」というキーワードを意図的に入れ込んでいますよね。いまのマット界は、昭和プロレスの歴史と断裂している感があるので、そこをつなげようとしている感もありますよね。

斎藤　啓蒙だとか、そんな偉そうな意味ではないけれど、プロレスの歴史を新しい世代に伝えていくことは重要だと思います。日本のプロレスは戦後の文化ですから、歴史を原点までさかのぼって勉強しても、たかだか70年ですよ。それが力道山、馬場、猪木をよく知らないだけじゃなく、藤波辰爾、ジャンボ鶴田、長州力、天龍源一郎の時代ですら、まるっきり関心を持たない層が一定数いますよね。

鹿島　「鶴藤長天」とか知らないのかなって思いますよね。あの無理やりな四字熟語(笑)。

——『週刊ゴング』がさかんに使っていたけれど、いまいち定着しなかったフレーズ(笑)。

斎藤　たぶん、現在進行形のファンの多くは闘魂三銃士や全日本四天王がレジェンドで、棚橋弘至もすでに大ベテランという感じなんじゃないかと思うんです。

——闘魂三銃士と四天王がプロレスの始祖で、それ以前の昭和プロレスは「紀元前」みたいな感じでしょうね(笑)。

斎藤　ボクらは馬場さんや猪木さんの話を普通にしていますけど。

鹿島　今日なんか、バディ・ロジャースの話をしているくらいですからね(笑)。

——せっかくなので、〝マリーゴールド・ガーデン〟が隆盛だった時代のアメリカンプロレスについても少し聞きたいんですけど、バディ・ロジャースとゴージャス・

ジョージは同じ時代なんですか?

斎藤　同じ時代だけれど地理的にはあまりリンクしていないんです。ゴージャス・ジョージは、西海岸カリフォルニアのテレビ局がこしらえたスター、つまりハリウッド的な価値観が世に出したスターみたいな感じなんです。

——初めての〝テレビスター〟としてのプロレスラーですね。

斎藤　日本における力道山と同じような立ち位置で、戦後のアメリカのテレビブームを牽引したのがゴージャス・ジョージだった。

「マリーゴールド・ガーデンで活躍し、WWEが設立される原点にもなっている。すべてのルーツはバディ・ロジャースですね」（鹿島）

鹿島　プロレスというジャンルを超えて、アメリカの戦後のテレビ自体がゴージャス・ジョージとともに始まったという。

斎藤　ゴージャス・ジョージは当時のテレビがモノクロだったことをちゃんと計算していて、銀色のコスチュームやキラキラと光るヘアピンなどを身につけて、モノクロの画面のなかでも華やかに、輝いて見えたんです。そういった意味で、ゴージャス・ジョージはハリウッドの匂いがしたんです。一方で、バディ・ロジャースは全米の各テリトリーをツアーをして、アリーナに大観衆を集めるスーパースターだった。

鹿島　ゴージャス・ジョージが西海岸だったのに対して、バディ・ロジャースは東海岸のほうだったんですか?

斎藤　NWAエリアといえばNWAエリアなんですが、セントルイスがホームリングというわけではなく、セントルイスのサム・マソニック派と敵対する各地の諸派のリングにも自由に上がっていた。シカゴのような大都会で人気が高かった。バディ・ロジャースは1962年にパット・オコーナーに勝ってNWA世界ヘビー級チャンピオンになりましたが、そのときはNWAの本拠地がセントルイスからシカゴ（フレッド・コーラー派）に移ったこともあった。ゴージャス・ジョージと同様、バディ・ロジャースもついに日本には来なかったんですが。

——だからボクら昭和世代の日本のファンが勉強したプロレス史だと、バディ・ロジャースもゴージャス・ジョージもほとんど出てこなかったんですよね。

斎藤　日本とあまりリンクしていない時代ですからね。

——名前が出てきてもショーマンスタイルだってことで、正当に評価されませんでしたよね。

鹿島　ストロングスタイル幻想があったから、見下げられていた感じがありましたね。

斎藤　日本に伝わってくる情報は、「カール・ゴッチさんとビル・ミラーにシメられた」とかそんな話が多くて、その一方で、アメリカ遠征中の馬場さんがいちばん憧れたのがバディ・ロジャースだったというエピソードも有名ですね。

——ストロングスタイルの呪縛から解き放たれたいま、ようやく日本でも再評価されるレスラーなのかもしれませんね。リック・

フレアーのスタイルの元でもあるし。

斎藤　実際、バディ・ロジャース政権はルー・テーズに敗れて終わるんですが、あの試合は、セントルイスのNWAがニューヨークを拠点としていたロジャースを失脚させるために組んだものだったという定説があります。そしてNWA世界王座はテーズの手に渡るというか、戻ったのですが、ニューヨークのビンス・マクマホン・シニアはテーズを新王者とする王座交代を認めず、負けたバディ・ロジャースを初代王者としてWWWFを作った。だからバディ・ロジャースはWWEのルーツでもあるんです。

――それも凄い話ですよね（笑）。

鹿島　ロッシーさんの「マリーゴールド」の語源かもしれないシカゴのマリーゴールド・ガーデンで活躍したのがバディ・ロジャースで、WWEが設立される原点もバディ・ロジャース。すべてのルーツはバディ・ロジャースですね（笑）。

斎藤　テレビは戦後の文化そのものであり、それを象徴するコンテンツがプロレスだった。アメリカでは第二次世界大戦が終わって3年くらいでもう一般家庭にテレビが普及し始めた。日本の場合は「街頭テレビに黒山の人だかり」という伝説がありますが、アメリカではレストランやバーがカウンターにテレビを置いて、「今夜はゴージャス・ジョージ・ナイトです」「今夜はバディ・ロジャースの試合を観ましょう」と宣伝してお客さんを集めた。それがテレビ・ブームであり、プロレス・ブームになっていた。その時代のシカゴの大スターが、バディ・ロジャースだったんです。

鹿島　プロレス界だけでなく、テレビという新しいメディアを牽引する存在だったわけですね。

斎藤　テレビという新しいメディアとプロレスの相性がもの凄くよかったのでしょう。新しいメディアとの相性でいえば、プロレスはすでに動画配信の時代になっている。プロレスというジャンルは、常にその時代、その時代の新しいメディアのキラーコンテンツでもあったわけです。

鹿島　プロレスファンは、ほかのジャンルと比べてもちゃんとお金を落とす人たちですもんね。

――ネットPPVも定着しつつありますもんね。

斎藤　そしてマリーゴールドの動画配信は、日本語実況と英語実況の二カ国語なんです。ネットですから、当然、世界同時配信になりますね。これからは英語圏でリアルタイムで日本のプロレスを観る層がどんどん増えていくでしょう。

――それもあって、レッスルユニバースと組んでるんでしょうね。

鹿島　いや〜、マリーゴールドは今年の台風の目になりそうですね。いろんな話題を提供してくれそうで楽しみですよ。

斎藤　夏には早くもビッグマッチが予定されているらしいので、そのあたりも含めてじっくり見ていきましょう！

斎藤文彦
1962年1月1日生まれ、東京都杉並区出身。プロレスライター、コラムニスト、大学講師。アメリカミネソタ州オーガズバーグ大学教養学部卒、早稲田大学大学院スポーツ科学学術院スポーツ科学研究科修士課程修了、筑波大学大学院人間総合科学研究科体育科学専攻博士後期課程満期。プロレスラーの海外武者修行に憧れ17歳で渡米して1981年より取材活動。『週刊プロレス』では創刊時から執筆。近著に『プロレス入門』『プロレス入門II』(ビジネス社)、『フミ・サイトーのアメリカン・プロレス講座』(電波社)、『昭和プロレス正史 上下巻』(イースト・プレス)、『猪木と馬場』(集英社新書)などがある。

プチ鹿島
1970年5月23日生まれ、長野県千曲市出身。お笑い芸人、コラムニスト。大阪芸術大学卒業後、芸人活動を開始。時事ネタと見立てを得意とする芸風で、新聞、雑誌などを多数寄稿する。TBSラジオ『東京ポッド許可局』『荒川強啓 デイ・キャッチ！』出演、テレビ朝日系『サンデーステーション』にレギュラー出演中。著書に『うそ社説』『うそ社説2』(いずれもボイジャー)、『教養としてのプロレス』(双葉文庫)、『芸人式新聞の読み方』(幻冬舎)、『プロレスを見れば世の中がわかる』(宝島社)などがある。本誌でも人気コラム『俺の人生にも、一度くらい幸せなコラムがあってもいい。』を連載中。

（世界一性格の悪い男）

鈴木みのる

（総合格闘技のパイオニア）

宇野薫

鈴木みのるのふたり言［拡大版］
『みのるの部屋』

押忍、押忍、押忍!!
横浜高校の先輩後輩にして、UWF戦士とUWFファン。
いまだにやりたいこと、
まだやっていないことだらけ。
闘うことをやめないふたりが激しく共鳴しあう!

収録日：2024年5月8日
撮影：タイコウクニヨシ
構成：堀江ガンツ

「俺にはゴッチさんからブッチャーまで
いろんな要素が入ってるんで、これからも
いろんなことをやっていきたいし、できる」
「ボクもまだまだがんばりたいし、
総合の試合を諦めたわけじゃない。
鈴木さんがいるからボクも続けられるんです。押忍!」

HARAJUKU
UNO
SHIT
PILE
DRIVER

先輩には『押忍』だけで意思を伝えなきゃいけなかったけど、いま横浜高校で『押忍』なんて言ってる生徒はいないです」（宇野）

——鈴木さん、すっかりおなじみとなった『みのるの部屋』のお時間です。

鈴木 『鈴木みのるのふたり言』から、いつの間にか名前が変わってんじゃん（笑）。

——「ふたり言」の特別版なのか、コーナー自体が変わったのか曖昧にしたままという（笑）。今回のお客さまは、横浜高校レスリング部の後輩であり、アパレル業界では先輩である宇野薫選手です！

宇野 押忍。ガンツさん、ボクは今日「押忍」しか言わないんで、押忍のイントネーションだけで原稿にしてください。

——かつて横浜高校が〝ヨタ校〟と呼ばれていた時代、後輩は先輩に対して「押忍」しか言っちゃいけないという、謎のルールがあったんですよね（笑）。

鈴木 宇野のとき、まだそのルールあった？

宇野 「押忍」はけっこうありました。「押忍」だけで意思を伝えなきゃいけないっていうのが。

——「押忍」の五段活用ですね（笑）。

鈴木 でも、そのあとは校風もガラリと変わったでしょ？

宇野 息子が横浜高校に通っているんですけど、いまは共学になって普通の高校になっていましたね。授業参観の日に行ってみたら、「押忍」なんて言ってる生徒は誰もいなかったです。

鈴木 いまは女の子が多くて、25クラスくらいあるって聞いたよ。

宇野 いや、違います。31クラスです。

鈴木 31クラス！

——この少子化の世の中で凄いですね。

鈴木 宇野のときも多かったでしょ？

宇野 自分のときは、たしか18クラスですね。

鈴木 俺らの頃は13～15クラスじゃなかったかな。

——子どもの人口はいまよりはるかに多い時代なのに、横浜高校のクラス数はいまの半分以下だったんですね。

鈴木 でも1クラス50人なんで。

——50人（笑）。

宇野 しかも全員男ですよ（笑）。

鈴木 50人が1部屋にギッチギチに入ってて、進級すると人が減っていくんだよ。毎年辞めていくから、3年生になる頃にはだいたい30人ぐらいになっているね。

——なんで辞めちゃうんですか？

鈴木 悪さをして退学になったのが多かったな（笑）。

宇野　自分たちの代は、悪さをするようなのはあまりなかったかもしれないです。学校が厳しくて、制服も規定通りじゃないと怒られて。

――宇野さんと鈴木さんは何年違うんでしたっけ？

宇野　たしか7年ですね。

――7つ違うとだいぶ違うんでしょうね。

鈴木　でも俺と愛甲猛さんは6年違うのに、話を聞くと学校の雰囲気はほぼ一緒だよ。

――6年違っても同じ「昭和」だからじゃないですか？　宇野さんが横浜高校に通っていた頃はすでに平成ですもんね。

宇野　そういえばそうですね。

鈴木　だから愛甲さんの話も、大橋（秀行）さんの話も、俺が言ってる話も基本的に同じじゃない？　でも宇野とかの代になるとまったく話が通じないんだよね。前に宇野に聞いたことがあるよね、「校内で喧嘩とか見たことある？」って。そうしたら「ないです」って。

宇野　そんなの本当になかったです。

鈴木　なんでないの？　俺らの頃は毎日のように誰かしらやらかしてたけど。

宇野　先生が凄く厳しかった印象があります。あと先輩も怖くて上下関係が厳しかったので。

鈴木　俺の時代も先輩後輩の上下関係は厳しかったけどね。どんな理不尽なことでも先輩の言うことは絶対っていう。

――この前、クドカン脚本の『不適切にもほどがある』っていうドラマが放送されてたじゃないですか。

鈴木　俺、Ｎｅｔｆｌｉｘでいまちょうど観てるよ。

――阿部サダヲ演じるタイムスリップしてきた学校の先生がいた時代は１９８６年設定ですから、ちょうど鈴木さんの高校時代ですよ。まさに不適切な時代というか（笑）。

鈴木　俺の顔を見て「不適切」って言うな！（笑）。

宇野　いまは楽しい共学生活という感じなので、まったく変わってしまいましたね。

鈴木　横浜高校に俺の居場所はないな。大橋さんは大橋ジムが凄く盛り上がってるから、いまでも「横浜高校卒業生」としてカウントされてると思うんだけど、愛甲猛と鈴木みのるは抹消されてる気がする（笑）。

「ＵＷＦがあったから、いまの総合格闘技への道がひらけたのは間違いない。受け入れやすかったんじゃないかな」（鈴木）

――愛甲さんだって、甲子園優勝投手で大スターだったじゃないですか（笑）。

鈴木　凄い記録を残してるんだけど、悪名がまさってしまって登録抹消だと思う（笑）。まっ、昭和の体育会系はみんなそ

PILE

んな感じだけどね。

――宇野さんは、スポーツで横浜高校に入ったんですか？

宇野　ボクは普通科で、単純にレスリングがやりたくて横浜高校に入ったんです。プロレスラーになるためには、基本となるレスリングをやっておいたほうがいいだろうと思って。

鈴木　俺も一緒だよ。

――宇野さんもプロレスラーになるためにレスリングを始めたんですね。

宇野　そうです。本当は船木（誠勝）さんのようにボクも中学を卒業したらプロレスラーになろうと思ったんですけど、親父に言ったら怒られて。「高校に行って、プロレスの基礎になるスポーツをやればいいじゃないか」って言われて、レスリング部のある横浜高校を選んだんです。

――そのへんも鈴木さんと一緒ですね。

宇野　ボク、横浜高校に入ってレスリング部の入部手続きに行ったとき、鈴木さんの写真が貼ってあってビックリしたんですよ。鈴木さんが先輩なんだって、そのとき初めて知ったんです。

鈴木　俺がＵＷＦの東京ドームでモーリス・スミスとやったとき、週プロかどっかの企画で「母校・横浜高校を訪ねる」っていうのをやって、そのときにプレゼントしてくれたパネルが飾られていたんだろうね。

――宇野さんが横浜高校に入学したときは、まだパンクラスができていないですよね？

宇野　できてないです。ちょうどＵＷＦが３派に分裂した頃ですね。

――宇野さんはＵＷＦのファンだったんですよね？

宇野　最初はタイガーマスクとか新日本が好きで、中学生になってからＵＷＦが好きになった感じですね。

鈴木　新生ＵＷＦは一大ブームだったからね。

――ＵＷＦでは誰のファンだったんですか？

宇野　最初は船木さんですね。

――そうですよね。

鈴木　「そうですよね」って、「船木さんで当然ですよね」みたいな言い方するなよ！（笑）。

宇野　鈴木さんも好きだったんですけど（笑）。

――21歳ぐらいの船木さんは、めちゃくちゃカッコよかったですからね。

宇野　ＵＷＦはいままで観ていたプロレスとまったく違ったし、どの選手もキャラクターが立っていて、凄く魅力的でカッコよかったんですよ。

鈴木　新生ＵＷＦ解散以降、いろんなレスラーや団体が「ＵＷＦ」をもう一度やろうとチャレンジするけど、なかなかうまくいかない。それはなんであのときＵＷＦが盛り上がったかといえば、そこにいた人たちの人間模様がおもしろかったんだよ。前田日明を筆頭に髙田延彦、山崎一夫がいて、その上にベテランの藤原喜明がいて。さらに若手の先頭に船木、安生（洋二）がいて、下っ端に生意気な鈴木がいる。その図式がおもしろかったんだろうなって思う。

宇野　間違いなくそうですね。

鈴木　だから、たとえ同じスタイルでやっても、あの頃のような盛り上がりにならない。でも、あれがあったからこそ、いまの総合格闘技への道がひらけたのは間違いないんで。UWFを観てから総合を観たから、日本人も受け入れやすかったんじゃないかなと思うんだよね。いきなり総合を見せられても「何をやってんの?」ってなっちゃうだろうけど。

——UWFは試合もいまのMMA以上に喧嘩腰でおもしろかったですよね。

鈴木　そうだね。俺、鼻骨を3回折ってるんだけど、パンクラス時代に折れたことは1回もない。全部プロレスでだもん。

「たまに國奥さんと練習するんですけど、初期パンクラスにいた選手は力が凄い。基礎体力運動を相当やられてきたんだなって」（宇野）

宇野　いま、SNSで昔のUWFの映像があがっていたりすると、やっぱり観ちゃいますもんね。「こんなに激しい試合してたんだ」って、あらためて思ったり。

鈴木　UWFの試合はプロレスなんだけど、本当に相手が嫌いだったり、思いきり殴って「ケガしてくれないかな」ぐらいの気持ちでやってるから（笑）。

——先輩に対しても「試合ならやっちゃってもいい」みたいな感があったんですよね?

鈴木　そうだね。UWFが始まった頃って、不遜な後輩がいても押さえつけられる実力差、力の差があったんだよ。でも俺らがUWFに移籍してきてから、安生さんや中野さんたちも押さえつけられていた気持ちを解放させて、上と下の実力差がギュッと詰まったんだよね。それでよりおもしろくなったんじゃないかと思う。

——かつての横浜高校では、後輩は先輩に「押忍」しか言えなかったのと同じで、UWFも先輩後輩の上下関係は絶対で安生さんたちは「はい」しか言えなかったんですよね。

鈴木　でも俺は前田さんの直接の後輩じゃないからさ、前田さんに「おい!」って言われても、「ボクは『おい』って名前じゃないんで」とか言い返しちゃうわけ。そうすると殴られるんだけど、「殴ればなんでも済むと思ってんすか?」とか言うから、「おまえ、ふざけんな!」って、ちゃんこのどんぶりを投げつけられたりしてね。そうすると安生さんが来て、「そうやって、暴力でなんでもカタをつけようとするのはよくないと思います」って、安生さんまで前田さんに意見するようになって。

宇野　ええっ！

鈴木　俺が生意気なことばかり言ってたから、先輩と後輩の絶対的な上下関係が崩れていったんだよね。当時の俺みたいな生意気なハタチのガキがいたら、俺も殴ってると思うけど（笑）。

宇野　パンクラス時代に、そういうことを言ってくる後輩がいたらどうしてたんですか？

鈴木　いないよ、そんなヤツ。パンクラス時代の俺は道場にいるあいだずっとイライラしてたの。若手だった渋谷（修身）とかに対しては、いま考えると「本当にごめんね」って（笑）。

宇野　２０００年に「コンテンターズ」という組み技イベントを開催して鈴木さんに出場してもらったあと、たしか鈴木さんに「ウチの道場に練習来てもいいよ」って言ってもらって、パンクラスの道場に行かせてもらったんですよ。当時のパンクラス道場は外部の人間をあまり受け入れていない頃だったこともあって、ピリピリ感が凄かったです。

――一般会員を受け入れているジムとは違う、一歩足を踏み入れたら何が起こってもおかしくない世界ですよね。

鈴木　ジムじゃなくて、完全に「道場」ってやつだよね。

宇野　だからパンクラス道場に行かせてもらったとき、ボクが知っている「道場」ってこういう感じだなとあらためて感じましたし。当時ボクが所属していた和術慧舟會ともまったく違うなと感じました。

鈴木　『ＫＡＭＩＮＯＧＥ』読者は知ってる人も多いと思うけど、そもそも宇野は高校生のときにパンクラスの入門テストを受けに来てくれたんだよ。あれは高校３年？

宇野　３年です。

鈴木　宇野は同級生の渋谷と一緒に受けに来て、ふたりとも体力的には合格基準に達してたんだけど、宇野は落ちて、渋谷だけが受かったという経緯があった。

――宇野さんだけ不合格だったのは、やはり体格的な問題ですか？

鈴木　そうだね。当時はまだ階級制じゃなかったから、ヘビー級の選手がほしかったし、宇野ぐらいの体格でバス・ルッテンとやったら死んじゃうよなって思うわけだよ。（ケン・）シャムロックなんかアホみたいに力があるしね。

宇野　入門テストが終わったあと、髙橋義生さんが「また受けたかったらいつでも来いよ」みたいに言ってもらえたので、自分を鍛え直してもう1回パンクラスを受けてみたいと思って、直談判するために実際に道場の前まで行ったことがあったんですよ。そうしたら練習中の道場のなかから國奥（麒樹真）さんが出てきて、ウェーって吐いてて（笑）。それを見て怖くなって帰っちゃいましたね。忘れもしないです。

——U系は昔からよく「ゲロを吐くまで練習させる」とか言われてましたけど、それは比喩ではなく現実だったという（笑）。

鈴木　当時、俺も船木さんも髙橋も25歳で体力がありあまってるわけじゃん？　その俺らが中心になって2時間も3時間もやってるんだから、15、16歳だった國奥なんかは大変だったと思うよ。

宇野　ボクは渋谷くんのデビュー戦も観に行って、「うらやましいな」と思っていたんですけど、渋谷くんの耳が凄く沸いてるのを見て、「厳しい練習に耐えて生き残ったんだな」と思いましたね。

鈴木　よくあんな練習やってたよな。

宇野　いまもグランドスラム横浜でたまに國奥さんと練習することがあるんですけど、初期パンクラスにいた選手は力が凄いです。基礎体力運動を相当やられてきたんだなって。

鈴木　初期のパンクラスっていうのは、練習に対するそもそもの考え方が昭和新日本だから。トレーニングもカール・ゴッチさんや藤原喜明さんが教えてくれた昭和式で、さらに回数を増やしたような感じでやっていたからね。

「パンクラスとシューティングで交流する話があったんだけど、佐山さんが抜けてしまったので立ち消えになっちゃった」（鈴木）

——そこで新弟子生活を送るっていうのは、もう懲役みたいなもんですよね。

鈴木　ちょうえき？

——刑務所生活と一緒という。

鈴木　誰がムショ暮らしやねん（笑）。で、俺がここで「そんなことないですよ」と言ったところで、当時若手だった柳澤（龍志）、稲垣（克臣）、國奥に言わせたら、「そのとおりでした」と言うんだろうけどさ。

——しかも厳しい練習のあとは、さまざまなイタズラというか、先輩からのイジリもあったりして。

鈴木　まあね。

——まさに不適切な時代じゃないですか。

鈴木　不適切にもほどがあるよ（笑）。

——宇野さん、本当に入らなくてよかったですね（笑）。

鈴木　ワハハハハ！　パンクラスに入ってたら、いまのこの姿はなかっただろうね。

宇野　パンクラスの入門テストを受けた時点で、「この練習が毎日続くのか……」って、ちょっと弱気になっていました

UNO
SHIT

からね（笑）。

――宇野さんはその後、修斗でプロデビューしますけど、当時からプロ格闘家としてやっていこうという気持ちはあったんですか？

宇野　先ほど鈴木さんが言われたように、身体が大きくならなかったぶん、ＵＷＦ系やプロレスラーとしてやっていくのは難しいなと思い知らされて。そんななかで階級制がある修斗の存在を知って、そこに佐藤ルミナ選手というカッコいい選手がいることを友達から教えてもらって、ルミナさんを目標にしてがんばっていったんですけど。ただ、ルミナさんに憧れて追いかけていただけだったので、格闘技で食べていくとか、そういうことは考えてなかったかもしれないですね。

――修斗をやりながら、お仕事は何をされていたんですか？

宇野　自宅のある横須賀からお茶の水の慧舟會道場に通う途中である品川の「アフタヌーンティー」というカフェでバイトをしていました。

――結果的にそれが「カフェ店員の格闘家」っていうことで、メディアに取り上げられるきっかけになるという。

宇野　従来の格闘家のイメージと違うところを『ｒｅｌａｘ』（マガジンハウス）っていう雑誌がおもしろがってくれて。カルチャー的にカフェブームもあったりしたので。

鈴木　宇野が修斗で活躍し始めた時って、もう佐山（聡）さんはいなかったの？

宇野　ボクがデビューした頃は、佐山さんは修斗協会の会長になられて現場からは一歩退かれていたので、一回も会ったことがないんですよ。その後、しばらくしたら佐山さんは修斗を離れられてしまったので。

鈴木　じゃあ、宇野がデビューするちょっと前だったのかな？　パンクラスとシューティングで交流する話があったんだよ。当時のウチの社長が佐山さんと会って話をして、ある程度やる方向で固まっていたんだよね。当時のシューティングは重いクラスの選手が不足していたけど、ウチと一緒にやればそれは解決できるし。でも、いざ実現に向けて動こうっていうときに、佐山さんがそこから抜けてしまったので、立ち消えになっちゃったんだよ。

宇野　そうだったんですね。

（※ここで鈴木のスマホが鳴る）

鈴木　ごめん、メールが来たんでちょっと確認させて。

宇野　どうぞ、どうぞ。

鈴木　また無理なこと言ってるよ……。

宇野　どうしたんですか？

鈴木　アメリカの某有名団体からブッキングのオファーが来たんだけど、「今週の土曜日来れるか？」って、あと４日しかないし週末はもう試合が入ってるよ（笑）。こんな感じのオファーはよくあるんだけどね。

「修斗の王座を返上したあと、たまたまシアトルにいたら、UFCからジェンス・パルヴァーの相手としてオファーが来たんです」（宇野）

宇野　でも海外から頻繁にオファーが来て活躍されてるのって、凄くカッコいいですね。

鈴木　海外からのオファーは数年前からチョコチョコあったんだけど、本格的にやり始めたのはコロナのパンデミックになったときだね。日本で試合がなくなって、お店（原宿「パイルドライバー」）も開店休業状態で通販だけやって。でも仕事をやって稼がなきゃいけないから「どうしよう？」と思っていたところに、ポンッと1個だけ海外からオファーが来たの。「この日、こういう試合があるんだけど来られるか？」って。海外で1試合だけやっても移動時間がかかるだけでお金にならないけど、「いまは腰を据えてアメリカに1～2カ月行くことも可能だから、試合がいっぱい入るなら行きたい」っていう返事をエージェントにしたら、いろんなところと話をしてくれて、ブワーッとオファーが入ってきてね。

宇野　凄いですね！

鈴木　当時、アメリカも入国を規制しているなか、日本から俺ひとりだけ行ったので、そりゃまあ仕事だらけよ。そしてAEWに出るようになったら、配信で世界中で観られるし、ニュースも一気に広まるから、SNSにメールアドレスを公開したら世界中からオファーが来るようになってね。いまはスケジュールを調整しながら、月に一度は海外に行ってる。楽しいよ。

宇野　日本だけじゃなく、いろんな国で活躍してるのが本当にカッコいいです。SNSで鈴木さんの海外での試合動画があがってるのを観ると、入場曲の『風になれ』を海外の人たちがみんな声を合わせて歌ってくれていたりして。

鈴木　この前、フランスに行ったときは凄かったよ。サビの「かっぜーにーなれー！」を歌うっていうのはどこの国の観客もやるんだけど、フランスはもう歌い出しから合唱だったからね。「オシエテヨ、ヒトワナゼ～」って。

宇野　フランスって、そんなにプロレスが盛んなんですか？

鈴木　フランス国内に10団体くらいあるよ。みんな知らないだけで。

宇野　そうなんですか！　全然知らなかったです。

鈴木　フランスはプロレス人気が高いんで、いい選手もいっぱいいる。あと、街を歩いてる女の人が綺麗だよ。これまでアメリカに行ってもイギリスに行っても、街ですれ違う女性をかわいいと思ったことはなかったのに、フランスでは初め

HARAJUKU
UNO
SHIT
PILE
DRIVER

て「うわ、綺麗！　こっちも綺麗！」って思ったからね。

――パリジェンヌはやはり綺麗でしたか。

鈴木　ルイ・ヴィトン本店の前とか、シャンゼリゼ通りだからね。世界中いろんなところに行けるって、なんかいい仕事だよ。

宇野　本当にそれが凄いし、うらやましいですね。

――宇野さんもMMAでは、海外メジャーに本格進出した先駆けですよね。

宇野　UFCからたまたまオファーがもらえたからなんですけどね。

鈴木　あれで何年前？

宇野　初めてUFCに出たのが2001年だったので、もう23年前ですね。

鈴木　20年以上前になるんだ。

宇野　ルミナさんに勝って修斗の王座を返上したあと、「これからどうしようかな」と思っていて、そのとき清原（和博）さんがシアトルのケビン山崎さんのところでトレーニングするというので一緒に行かせてもらって。当時、髙阪（剛）さんもシアトルにいたので一緒に練習させてもらっていたら、たまたまモーリス（・スミス）のところにUFCから電話がかかってきて。「ジェンス・パルヴァーの相手がいないなら、いまウチに宇野が来てるよ」という話になったらしいんですよ。

――UFC参戦が決まっていたから、修斗の王座を返上したわけじゃなかったんですね。

宇野　違うんです。憧れていたルミナさんとの再戦だったので、そこで勝ったら一度肩の荷をおろしたかったというのがあって。そのあとたまたまシアトルに行ったら、パルヴァーの相手が欠場になってオファーが来たんです。

――しかも、いきなりUFCのタイトルマッチですもんね。

鈴木　でもチャンスが来たとき、チャンスがつかめる場所にいるっていうのはけっこう大事だよね。その1回のチャンスがその後の選手生活を変えたりするから。まっ、俺はさっきオファーを断って、チャンスを逃したかもしれないけど（笑）。

――国内の決まっている試合をこなすことも大事ですから（笑）。

鈴木　宇野とはエキシビションで1回試合したことあるよね？　宇野が『高校鉄拳伝タフ』のマスクをかぶって。

宇野　はい、やりましたね。

――それ、どこの団体でやったんでしたっけ？

鈴木　パンクラスだよ。漫画の『タフ』とパンクラスのコラボみたいなイベントを後楽園でやって、主人公のキー坊（宮沢熹一）のリアル版みたいなのを宇野がやって、その相手を俺がやったんだよね。

「宇野もプロレスやろうよ！プロレスが難しいのはどれが正解か不正解なのかがわからないところ。だからこそおもしろい」（鈴木）

宇野　『タフ』のあと、今度は鈴木さんがみなとみらいの臨港パークで「横浜開港祭プロレス」をやられたときにちょっと呼ばれて、急にリングに上がることになって（笑）。

鈴木　無理やりリングに上げたんだよな。「観に来て、ただで帰れると思うなよ」って（笑）。

宇野　あのとき、自分がやったドロップキックが低すぎたのが悔しかったですね。ちょっとヒザを痛めていたので。

鈴木　でも、おもしろいよね。宇野くらいの世代で格闘技をやってた人たちで、プロレスを好きでいてくれるのがけっこういて。勝村（周一郎）もそうだし、和田拓也もそうだし。みんなそれぞれプロレスもやってるんだよ。

宇野　青木（真也）くんもそうだし。

鈴木　青木もそうだね。

宇野　ボクは青木くんに声をかけてもらって、ＤＤＴで大仁田さんと電流爆破をやらせてもらったこともあるんですよ。

――ありましたね！　ＤＤＴがとしまえんでやった路上プロレスで電流爆破をやって（２０２０年8月27日、竹下幸之介&青木真也&宇野薫vs大仁田厚&高木三四郎&クリス・ブルックス）。

宇野　まさか自分が大仁田さんと電流爆破をやるとは思っていなかったんですけど、せっかくのチャンスだからやってみたんです。「電流爆破バットを食らったら、もうなんでもできるんじゃないかな」と思って。

鈴木　じゃあ、宇野もプロレスやろうよ！　おもしろいよ。ＭＭＡは競技だけど、プロレスは競技とは違うおもしろさがあるんで。プロレスって〝表現〟の世界でさ、勝つことでも表現できるし、負けてもそれが表現になったりするから、凄いおもしろいよ。

宇野　でもプロレスって難しいなって、やらせてもらうたびに思いますね。

鈴木　なんで難しいかと言うと、明確な正解がないのと、答えらしきことがいっぱいあるから。失敗してもそれが「正解」だったりするし、どれが正解でどれが不正解なのかもわからない。だからこそ逆におもしろいんじゃないかと思ってる。宇野も本格的にやったらハマるよ（笑）。

――武藤さんも「宇野くんはプロレスの才能がある」って言ってましたよ。でも宇野選手はＭＭＡの現役ですからね。

鈴木　そうだよね。そこは凄いよ。デビューして今年で何年になる？

宇野　ボクは19歳で総合格闘技を始めたので、たぶん30年目の年ですね。じつは今日で49になったんですよ。
鈴木　今日が誕生日？
宇野　はい。
鈴木　♪ハッピーバースデートゥーユ～、歌わなくていいか（笑）。
――今日が誕生日で30年目がスタートとは素晴らしいですね。
宇野　あっ、1996年デビューなんで、まだ28年でした。
鈴木　それでも凄いよ。俺なんかパンクラスで10年ぐらいしかやらなかったから。宇野は何戦やってる？
宇野　数えたことがないですけど、60戦ぐらいやってます（62戦34勝23敗5引き分け）。
鈴木　近藤（有己）が普通にさらっと100戦を超えてて、「なんだよ、100戦って」って思ったけどね。子どもの頃にデビューしたムエタイ選手みたいだなって。
――初期パンクラスの人は試合数がおかしいですよね。
鈴木　おかしいよ。初期のパンクラスはグローブ着用じゃなかったけど、月1でやってたからね。俺は真っ先に身体が壊れたタイプなんで、最初の3年ぐらいしか動けなかったけど。「毎月やると人の身体は壊れます」っていう見本をやっちゃったから（笑）。
――こういうことを毎月やっちゃいけません、ということを身をもって示して（笑）。

鈴木　対戦相手もデカいんだもん。
宇野　毎回無差別級だから、本当に大きい人とやられてましたよね。怖くなかったですか？　セーム・シュルトとか、やっぱりデカいですよね。
鈴木　デカい、デカい。怖いとは思わなかったんだけど、俺がやったときは作戦通りテイクダウンできて、リングの中央で逆十字が取れたから、「よし極まった！　勝った！」と思ったんだけど、ロープブレイクになったからね（笑）。真ん中だぜ？
宇野　まだロープエスケープがあった時代で、シュルトだと届いちゃうんですね（笑）。
鈴木　あの日、いつも使ってるリングが届かなくて、急きょ、女子プロレスのリングを借りたらサイズが小さかったんだよ。だからリングの中央で極めたのにロープに届いちゃってね。最後はタックルにカウンターのヒザを合わされて、ノックアウトで負けたんだけど。

「今年は柔術とか組み技を中心に挑戦してみようかなと。総合の試合も諦めたわけじゃないんで、力を蓄えるためにもがんばりたい」（宇野）

宇野　シュルトのヒザ蹴りはヤバいですね。
鈴木　大丈夫だよ、生きてるから（笑）。シュルトはいまどうしてるかな？　プロレスで海外に行くと、けっこうパンクラス時代のヤツらに会うよ。俺の試合を観に来てくれる。（ケン・）シャムロックもそうだし、（バス・）ルッテンもそうだし。オーストラリアに行ったときは、グレゴリー・スミスが普通にサイン会の列に並んでたからね（笑）。

宇野　律儀ですね（笑）。

鈴木　あとニューヨークでプロレスしていたら、控室に変なおっさんが来て「ひさしぶり！」って言ってきたから、「誰？」って聞いたら、「アイム・マット・ヒューム」って言われたことあるよ。もう頭がツルツルになってて全然わからなかった（笑）。

宇野　そうなんですね。いまはONE Championshipの偉い人になってましたよね。

鈴木　もう悠々自適だよ。「おまえもやるか、プロレス？」って言ったら、「ノー」って言ってたから（笑）。でも世界中まわって昔パンクラスで一緒だったいろんな選手と会うじゃん。みんなに言われるよ、「なんでおまえはまだやってるんだ？」って。ルッテンにも言われたからね。「おまえ、おかしいだろ。なんでまだできるんだよ？」って。

宇野　ボクなんかも昔闘った選手はみんな辞めちゃいましたね。UFCで最初に闘ったジェンス・パルヴァーは去年、UFC殿堂入りしましたし。

――レジェンド世代ですもんね。

宇野　でも、このあいだも柔術の大会に出て優勝したら、昔闘った海外の選手がSNSを通じて「おめでとう」って言ってくれたり。会えてはいないですけど、そういうメッセージをくれるのは凄くうれしいですね。

――鈴木さんも宇野選手も、同世代の選手からすると「おかしい」って思われてますよ（笑）。

宇野　鈴木さんがいるから、ボクも続けられるんで。

鈴木　試合数が少ないとさみしいからね。月15試合ぐらいはやりたいから。

宇野　凄いですね。

鈴木　俺の場合、試合数がそのまま生活に直結してくるんで。試合をできるだけ多くやらないと食えないからね。誰かからお金をもらえる仕事は一切してないから、いまだに自分で稼いで生きているっていう気持ちはずっとあり続ける。

宇野　まさにプロレスラーですね。

鈴木　あと原宿のTシャツ屋さん（笑）。

――宇野さんは、これからは現役として何か考えていることはありますか？

宇野　今年は柔術とか組み技を中心に挑戦してみようかなと思っています。総合の試合もまだ諦めたわけじゃないんで、そのときまでに力を蓄えるためにもがんばりたいです。

鈴木　いろいろ挑戦するのはいいことだよ。俺もまだまだ、これまでやってこなかったことに挑戦したいもん。俺は20数年前、パンクラスで引退しようと思っていた時期があったんだけど、最終的にライガーとパンクラスのルールでやったときに、俺は〝プロレスの最先端〟をやってきた自負があったけど、まだまだ自分の見たことがないプロレスの世界がたくさんあることに気づいちゃって、「これを見ないで死ぬのは嫌だな」と思って、辞めることをやめちゃったの。そうやってプロレスに復帰したんで、いまはお金さえ合えば大小どんなオファーでも受けて、いろんなプロレスをやっているよ。

——鈴木さんは、女子ともけっこうやってますもんね。

鈴木　女子と対戦するのはおもしろいよ。また全然違うから。ただやればいいってもんじゃないし。あとハードコアもやってみたい。

宇野　デスマッチですか。

鈴木　べつに電流爆破がやりたいっていうわけじゃないんだけど、ハードコアもプロレスのスタイルなんで、いろんなことをやっていきたい。カール・ゴッチさんはもちろん俺のプロレスの先生ではあるんだけど、俺がもうひとり影響を受けたレスラーは、アブドーラ・ザ・ブッチャーだから。

宇野　えっ！　ブッチャーですか？

鈴木　全日本で一緒にタッグを組んでいた時期があって、もの凄く影響を受けたんだよ。ブッチャーもまた、ゴッチさんとは違った形の一流のプロだからね。だから俺にはゴッチさんからブッチャーまでいろんな要素が入ってるんで、もっといろんなことをやっていきたいね。まだまだできる。

「ベルトというのは仕事にとって大切なもの。ベルトを持ってるということは、もう1試合確実に仕事があるってことだから」(鈴木)

——いまだにやりたいこと、まだやっていないことがたくさんあるんですね。

鈴木　よく言われるんだよ、「いくつまでやるんですか?」って。でも「えっ、辞めなきゃダメ?」って思う。辞めたくないんだもん。

宇野　ボクもそうです。

鈴木　たとえ自分が「○歳までやろう」と決めたところで、ある日突然、急にできなくなることだってあるって俺は知ってるから。あと、俺は30歳前後に身体を悪くしてプロレスラーとして死に損なったんで、生きているあいだはやんなきゃなって思いはある。もう自分から死ねないよ(笑)。まだまだやりたいこともいっぱいあるしね。とりあえず、いまは「世界」と名のつくベルトがほしい。「世界」のベルトって、日本のIWGPとアメリカのWWE、AEWだけじゃないからね。俺、一昨年はアメリカで世界チャンピオンになってるから。知らないでしょ?

宇野　知らなかったです。

鈴木　日本にニュースが伝わんないんだよ。でもROHの世界TV選手権っていうベルトを獲ってる。まだまだベルトは狙っていくよ。

宇野　ボクもいまだにベルトはほしいですね。この歳でそんなこと思ってるって、馬鹿なんでしょうね(笑)。

鈴木　いや、現役なんだから当然だよ。プロレスと格闘技のベルトは全然違うけどさ、どちらも仕事にとって大切なこと。俺、フリーランスじゃん。ベルトを持ってるということは、もう1試合確実に仕事があるってことなんだよ。

——防衛戦があるわけですもんね。

鈴木　俺は年間契約とかしているわけじゃないから、1試合ごとに「今日で終わり」が毎日続くってことなんだよ。でもベルトを持っていれば、少なくとも次の1試合は保証される。だからベルトがほしいというのはある。それも簡単に手が届きそうなベルトじゃなくて、みんなが「絶対に無理だろう」と思うようなベルトを中心に狙っていきたいなと思ってる。そのためにもコンディションだけは常に整えておかなきゃいけないので、このあとも帰ったら腹筋やりますよ(笑)。

宇野　ボクもコンディションは常に整えておきたいと思って

いります。

——宇野選手は本当に試合がないときでも、いつもグッドシェイプなのが凄いと思いますよ。

鈴木　試合がないときはすげー太ってるヤツもいるもんな（笑）。

宇野　でも鈴木さんはそれだけ試合があるなかで、どうやってコンディションを保ってるんですか？　あと気持ちのテンションもどうしてるんだろうって思うんですよ。オン、オフができるのか。

鈴木　俺の場合、入場の直前にスイッチが入るだけで、あとは常に普通だから。ただ、毎日のルーティンは崩さず、ある程度の緊張感は常に保つようにしている。理想は「精神と時の部屋」から出てきた『ドラゴンボール』の孫悟空みたいに、平常時でも常にスーパーサイヤ人でいられるようにすることだから。わけわかんねえか（笑）。

——まっ、いつまでもマンガの主人公のようでいたいということですね（笑）。

鈴木　そういうことです！（笑）。

——では、今回の『みのるの部屋』はそろそろお開きにしたいと思いますが、いかがでしたか？

宇野　凄く勉強になりました。

鈴木　楽しかったよ。歳は違うけれど、同じ横浜高校ＯＢで、この世界でも同じ時代を生きてきた部分があるからさ。

宇野　押忍！

——横浜高校の先輩後輩話になると、返事が自然と「押忍」になるんですね（笑）。

宇野　息子に「押忍とか言うなよ」って凄い言われますもん（笑）。普通に向こうから「こんにちは」って来られたときに「押忍」って返すと、「やめてよ。もうパパの時代じゃないんだから」って。

鈴木　朝はかならずデカい声で「押忍！」とかもあったよね。

——その場のＴＰＯに合わせた押忍があるわけですね。

宇野　そうなんです。先生に対する押忍と、先輩に対する押忍が違ったり。

鈴木　朝昼夜によってまた違うからね。文字にすると全部「押忍」なんだけどさ。

——犬と一緒ですね。同じ「ワン！」でも全部意味が違うという（笑）。

鈴木　おまえ、横浜高校をバカにしてんな！　ちょっと校舎の裏まで来いや！

宇野　いや、もう校舎が新設されすぎて、〝裏〟がなくなっちゃったんです。

鈴木　なんだよ、校舎の裏に呼び出すこともできないのかよ。もう俺の知ってる横浜高校じゃないな（笑）。

RAJUKU
2015
PILE

宇野薫（うの・かおる）
1975年5月8日生まれ、神奈川県横須賀市出身。総合格闘家。UNO DOJO所属。
横浜高等学校でレスリング部に所属し、スポーツ専門学校に進学後に修斗に興味を持ちシューティングジム八景に入門、その後まもなく和術慧舟會に移籍する。1996年10月4日、修斗での桜井速人戦でプロデビュー。1998年10月25日、『VALE TUDO JAPAN '98』にてヒカルド・"リッキー"・ボテーリョにTKO勝ちを収めると、1999年5月に修斗ウェルター級（-70kg）王座決定戦で憧れていた佐藤ルミナから一本勝ちを収めて王座獲得。2000年12月17日、修斗ウェルター級タイトルマッチで挑戦者の佐藤ルミナと再戦してKO勝ち。2001年2月23日『UFC30』でUFC初出場。初代UFC世界バンタム級（現ライト級）王座決定戦でジェンス・パルヴァーと対戦して判定負け。UFCではBJ・ペン、ディン・トーマス、エルメス・フランカと対戦した。その後はHERO'S、DREAM、修斗などで活躍している。

鈴木みのる（すずき・みのる）
1968年6月17日生まれ、
神奈川県横浜市出身。プロレスラー。
高校時代、レスリングで国体2位の実績を積み1987年3月に新日本プロレスに入門。1988年6月23日、飯塚孝之戦でデビュー。その後、船木誠勝とともにUWFに移籍し、UWF解散後はプロフェッショナルレスリング藤原組を経て1993年に船木とともにパンクラスを旗揚げ。第2代キング・オブ・パンクラシストに君臨するなど活躍。2003年6月より古巣の新日本に参戦してプロレス復帰。以降プロレスリング・ノア、全日本などあらゆる団体で暴れまわる。2018年6月23・24日、横浜赤レンガ倉庫でデビュー30周年記念野外フェスティバル『大海賊祭』を開催し、大雨のなかでオカダ・カズチカと30分時間切れの激闘を繰り広げる。その後も新日本などの日本国内あらゆる団体で試合をおこなっているが、現在はさらにアメリカやヨーロッパなど海外でも活動をして各地で絶大な人気を誇っている。

兵庫慎司のプロレスとまったく関係なくはない話

第108回 役者をやってみたいのね？

兵庫慎司

兵庫慎司（ひょうご・しんじ）1968年生まれ、広島出身東京在住、音楽などのライター。連載＝『KAMINOGE』のこのページ、音楽サイトDI:GA ONLINE「とにかく観たやつ全部書く」、ウェブのぴあ音楽「昔話を始めたらおしまい」。今回のこの文章の中で、井上崇宏編集長は「井上さん」と書いているのに大井洋一は呼び捨てなのは、単に面識がないからです。ないのに「大井さん」はなれなれしいなあ、という。こんなふうに、文章の中に、自分が面識ある人とない人が並列に出てくる時の敬称の付け方、いつも困ります。

あまりこれは大きな声では言えないんですけど、このあいだ大井洋一とハンバーグを食ってたんですよ。そこでボクは意を決して自分の思いを切り出したんですよ。「大井さん、俺らはもうこんな歳だけど、役者をやってみたくない？」って。そうしたら「そんなの、やりたいに決まってるじゃないですか」って。まさかの返事が返ってきたので、「じゃあ、本当にみんなに内緒で一緒にお芝居をどっかでイチから習わない？」と。

以上、本誌前々号（148号）掲載の「馬乗りゴリラビルジャーニー（仮）」における、井上崇宏本誌編集長の発言である。

驚いた。まず「えっ、井上さん、今から役者やってみたいの？」と驚き、大井洋一の返しに「えっ、やりたいに決まってるの？」と、さらに驚いた。52歳と46歳が仲良くハンバーグを食っているのにも驚いたが、それは棚に上げます。

ただし。大井洋一に関しては、超売れっ子の放送作家でありながら、（番組内の企画とは言え）総合格闘家デビューしてチャンピオンになったり、本誌前号で「日大芸術学部に行きたい」と相談してダウ90000蓮見を困らせたりしている人なので、「役者をやりたいに決まってる」のであっても、そんなに不思議ではない、考えてみれば。

が、井上編集長は違う。役者？ 今から？ なんで？ 映画とか演劇とか、そりゃあ観てはいるだろうけど、50を超えて自分もやりたくなるくらいなの？ それとも何か別の理由が？ などと、数日間考え続けていて（そこまで考えることか）、思い出した。

そうだ、俺がびっくりしたのは、井上さんが50過ぎてるからだけじゃないわ。若い頃、「役者になりたい」とか「芝居やってます」という人に初めて会った時も驚いたわ。「ほんとにいるのか！」と。

アイドルになりたいとか、バンドでデビューしたいとか、プロ野球選手になりたいとか、お笑い芸人になりたい人は、子供の頃から普通に周囲にいた、なので、疑問を持たなかった。特に「バンドでデビューしたい」は、実際になった人も、何人もいたし（奥田民生先輩とか）。

でも「役者になりたい」と言う人はいなかった。たまたま僕の周囲にいなかった、という話だが。大学生の頃も、演劇関係とは無縁の生活を送っていたので（学内に演劇サークルとかあったのに）。で、就職で東京に来てから、初めてそういう人と出くわして、驚いたのだった。

　ただそれは、自分の周囲にいなかったからだけじゃなくて、ミュージシャンや芸人などと比べて、役者、特に小劇団系の俳優って、食えるようになる確率がものすげえ低い、と僕が思っていたのも大きい。芸人やバンドマンみたいに、プロになって売れて大金持ち、っていう役者、小劇団出身で、いる？ゼロではないけどほぼいない、くらいじゃない？　なのになんでみんな、人生を賭してあんなに必死にやってるの？というふうに見えていたのだ、当時の僕には。

　すごい偏見だ。古田新太も片桐はいりも小劇団出身ですけど。というかおまえ、もうすぐ担当編集者として松尾スズキと知り合うからな。それで知った宮藤官九郎も阿部サダヲも「食えるようになったばかり」くらいだけど、これからすごい人になっていくからな。と、当時の自分に教えたい。

　というように、30歳くらいまで、俳優とか演技とかいうものに関して、非常にアンテナが低い生活を送ってきたもんで、松尾さんの担当になって演劇を観るようになり、映画やドラマも人並みに観るようになってから、俳優っておもしろいなあ、ということを知ったのだった。

　ドラマも映画もなんで同じ人ばっかり出るんだろう、と不思議だったけど、いっぱい俳優がいても、撮る側が使いたくなる俳優って限られるんだな、だからどの映画も「ジジイ」は柄本明なんだな、とか。この俳優、あの映画ではすばらしかったのに、このドラマではそうでもないな、演出って大事なんだなあ、とか。

　中でも楽しかったのは、自分の仕事相手のミュージシャンが、だんだん役者になっていくさまを、リアルタイムで見れたことだ。ピエール瀧と浜野謙太である。瀧さんもハマケンも俳優志望ではないのに、オファーが途切れなくて、次第に本職になっていった人である。ハマケンなんて、星野源主演・大根仁監督の『去年ルノアールで』（テレビ東京／2007年）の撮影の後、「テレビドラマって待ち時間長いんだねえ。源くんよく耐えられるね。俺無理だわ、無理無理」とか言ってたのに（その場にいました、私）。瀧さんやハマケンほど自分と近くはないが、黒猫チェルシーの渡辺大知が俳優になっていくさまを見た時も、同様の楽しさを味わったものです。彼の場合、途中でバンドが活動休止したのも大きいだろうけど。

　そんな現在の自分に、突如として放り込まれた「自分が長年連載している雑誌の編集長が、52歳にして『役者をやってみたい』と言い出した件」。さあ、私はどのように向き合えばよいでしょう、この事態に。

　なんもせんでええわ。というのは、わかっちゃいるが、一時の気の迷いで終わらせるのはもったいない。じゃあ井上さんがどうなったら満足なんだろう、俺は。もちろん、ドラマや映画を観ていて普通に目に入ってくるのがベストだけど、現実的にはなあ……と考えて、出た結論は、こうでした。

『水曜日のダウンタウン』に出ているエキストラが、井上さん。

　「ベッドの中に人がいるのが結局一番怖い説」で、布団をめくったら井上さんがいる、とか。ありえなくない気がする。大井洋一、『水曜日のダウンタウン』も書いているし。

APPLEBUM

THE
BLACKBELT
JAPAN

『Road to UFC Season 2』フライ級トーナメント優勝

鶴屋怜

THE BLACKBELT JAPAN 代表

鶴屋浩

KAMINOGE JAPANESE VON ERICH FAMILY

エリック一家の悲願はNWA王者誕生だったが
鶴屋一家におけるUFC王者は目標ではなく当然!?
ついにこの男が6・30オクタゴンデビュー!!

収録日：2024年4月30日
撮影：タイコウクニヨシ
写真：© Zuffa LLC/UFC
聞き手：井上崇宏

「UFCのベルトを獲るのは確定で、自分のなかでは
平良達郎くんと俺のどっちが日本人初の
チャンピオンになるかっていう争いなんですよ。
俺のほうがデビューが3年遅いから、
その3年の差を早く埋めないといけない。
だからすぐにランカーとやりたいんですよ！」

Winning

「レスリングは小学生で辞めたかった。ゴールデンウィーク中もずっと出稽古とか最悪でしたよ」（怜）

――鶴屋さん、『KAMINOGE』は完全に出遅れてしまいました。もう、すっかりどのメディアも鶴屋怜を取り上げまくっているじゃないですか（笑）。

浩　いやいや、だから俺も冗談っぽくだけど、『KAMINOGE』に怜を載せてください」ってけっこう会うたびに言ってましたよね？

――そうなんですよ。そのたびに「もちろん、いつかお願いします」と答えていたんですけど、悠長に構えていたら、すでにもう人となりがだいぶ世間に知られている感じで（笑）。

浩　だから早めにやったほうがよかったのに。井上さんは昔から怜のことをかなりよく知っているのに、どんどん抜かれちゃって（笑）。

――このあいだキング・オブ・パンクラシストになったばかりだと思っていたら、『RoadtoUFC Season2』もぶっちぎって、あっという間にUFCと契約して。

浩　だって怜のことは小学生の頃から知っているわけじゃないですか。井上さんのところのコも小学生のときにレスリングをやっていて、怜の1個下だもんね。

――そうなんですよ。まあ、だからこその切り口があるとは思っているんですけど、まず怜選手は高校までレスリングをやっていて、そこからMMAに転向して何が起きました？

怜　「何が起きた？」っすか（笑）。

――短期間でここまで強くなっているのは、さすがにちょっとおかしくないですか？（笑）。

浩　何が起きたか。まず、ウチのコは男ばっかりの4人兄弟じゃないですか。その4人のなかで次男（怜）がいちばんレスリングでもセンスがあったっていうのがある。でもレスリングに関しては、本人としては強引に大人にやらされているという感覚があったけど、格闘技は自分が好きで始めてやっている。好きだから楽しんでやる。（怜に向かって）レスリングは好きじゃなかったというか嫌いだったもんね？　やっててつらかったんだよね？

怜　そうですね。本当はレスリングは小学生で辞めたかった。

浩　小学1年生のときからずっと辞めたがっていたから（笑）。でもさ、たぶんだけど小学生のときなんかはみんな辞めたいんだよ。でも親がやらせているから、そんな気持ちは言えないコたちが多いんだと思うよ。

――ひとつ傾向として言えるのは、いわゆる格闘技経験のある親はそんなに子どもにガッツリとスパルタでやらせないじゃないですか。鶴屋さんもそうだったじゃないですか？

怜　って思うじゃないですか。
浩　ん、違う？
怜　お兄ちゃんとか弟たちにはそうだったかもしれないけど、俺に対しては……（笑）。まあ、俺がちゃんと練習をやらないっていうのもあったんですけど、小学校のときとかはけっこうキツく言われて、もう凄かったっす。やりたくなくなったっすもん。
——あっ、そうだったんだ。
浩　いや、たぶん井上さんは本当に凄いスパルタの親のことを言ってるんだよ。俺らはそういう人たちを見てきてるから。
怜　まあ、ヤバいのもいたけど。
浩　俺は井上さんと同じぐらいの感覚だったじゃん。そりゃ練習をサボってたら怒るけど、べつに試合で負けたって怒んないし。でも、ちょっとかわいそうだったかなと思うのは、ゴールデンウィーク中とかも普通だったら遊びたいのに毎日合宿とか出稽古を入れてたよね。
——そうでしたね。だからこの柏のジムも、子どものレスリングの出稽古で来るときは近く感じたのに、こういう取材で来るときに「こんなに遠かったっけ？」と思って（笑）。
浩　だから、子どものレスリングが楽しかったからだよね（笑）。
——ゴールデンウィークに出稽古の予定が詰まっていることこそが、黄金週間と呼ぶにふさわしいと思っていましたから（笑）。
怜　俺らからしたら、もう最悪でしたよ（笑）。
——アハハハハ！　まったく気づかなかった！（笑）。
浩　親からすると本当に楽しくてしょうがなかったよ。でもさ、結果的にやってよかったじゃん。

「怜はレスリングの頃から大人たちのあいだで『プロになったらおもしろいね』みたいなことはずっと言われてた」（浩）

——いまは自分が好きでやっている格闘技に、レスリングの経験が存分に活かされていて。
浩　そうそう。
怜　っていう話になるのか、それともレスリングをやってきたからもう格闘技の道しかなかったのか。
——それはどっち？
怜　わかんないですね。
浩　レスリングでいい大学に行く人もいるわけだし、そこからさらにいろんな道に進む人も多いわけだから、それはわかんない。でも結果的にみんな、それがいい方向にはつながっているわけだから。レスリングのときの話をさせてもらえば、彼はまあまあ強いほうだったし、勝ったり負けたりはし

UFC APEX
PRIME

PRIME
Cuervo
BUD LIGHT
ROAD TO UFC

ていたけど、とにかくおもしろい試合はしてたよね。だからよく大人たちのあいだでは「怜くんの試合はクルクル回っていておもしろい」って。普通の地味な試合じゃなくて、投げ技ばっかりやってたし。だからその頃からプロ向きだったというか、「プロになったらおもしろいね」みたいなことはずっと言われていたよね。

——子どもの頃から動きのあるおもしろい試合をしようという意識があった？

怜 いや、ラクに勝つには投げがいちばんいいんですよ。

——あっ、早く終わらせるため（笑）。

怜 そうです。それはもう小学校の頃から理解していて、ある意味、ちょっと頭はよかったのかもしれないですね。レスリングって1日5試合ぐらいあるから、そこで全試合をフルで闘ったら相当長いっすよ。でも1試合1分で終わらせられたら、1日5分ですから（笑）。

浩 あとは正直、俺自身はレスリングの一流選手じゃなかったから、ちょっと変わった技ばかり教えていたというのもあるかな。それはあんまりよくはないんだけど、普通は教えない技がちょっとヒットしていたのもあるかもしれない。だってもう巻き投げばっかりやってたよ。巻き投げだけで簡単に点数が取れちゃうから。

怜 小学校低学年のときはもう巻き投げばっかで。

浩 タックルを1回もやらなくなっちゃって、「これでいいんだ」って言って（笑）。

——でも鶴屋さん。ロータス世田谷の八隅孝平さんに聞いた話だと、いまのキッズレスリングってあの頃ほどの熱はないらしいですね？

浩 ああ、そうかもね。だからほら、あの頃の熱のなかから東京オリンピックで金メダルを獲った乙黒拓斗みたいな選手が出てきたり。

——女子でも藤波朱理選手みたいな怪物が誕生して。

浩 それこそ八隅の息子も、このあいだ高校の全国選抜で優勝してたけど。あの頃って熱かったよね。親も熱かったし。だってさ、子どもなのに全国に名を轟かせるスーパースターみたいな選手がいたじゃん（笑）。あれはなんだったの？

——だからまず、プロレスとか格闘技ブーム直撃の我々50オーバーの親父たちがイカれてたんですよ（笑）。

浩 いや、本当にそういうことだよね。

——いま日本のレスリングで活躍しているのも、男女ともにあの世代のコたちばっかりですよね。MMAに転向して活躍している鶴屋怜しかり。

浩 まあまあ、格闘技に舵を切ったほうではね。

怜 でも俺もレスリングは嫌いだったけど、なんだかんだでジムに行けば友達がいるから、意外と「行きたい」ってなっ

MONACO
ESTD. 2012

MONSTER
ENERGY
UFC

てたっすよね。だからべつにそんなに負担ではなかったというか。

――大人になってどんな道に進もうが、幼少期にスポーツをやっておくのは絶対にいいと思いますよ。

浩　これは教育論になっちゃうけど、そこでもし挫折を味わったとしても、何もやらないよりは絶対にいいし、やったことはすべてそのコのプラスになっていると思う。負けを知るということの重要さ。人生で負けることって多いけど、そのときに負けの対処法ができるじゃないですか。

「父の指導者としてのストロングポイントは何も言ってこないところ。俺はそのほうがいいんですよ」（怜）

――怜選手はどうして自発的に格闘技をやりたいと思ったんですか？　コナー・マクレガーを観て？

怜　いや、本当にずっとレスリングを辞めたかったんですよ（笑）。だからレスリングが嫌いすぎてＭＭＡが好きなんすかね？　レスリングはとにかく地味だし、毎日打ち込みをやって同じ練習でって、もうそれがキツかったんすよ。小学生の高学年くらいのときにオリンピックに行きたいなと思った時期もあったけど、たぶんそれはお父さんに「オリンピックだ」って言われてそう思ってただけで、べつにどうしてもオリンピックに行きたい感じじゃなかったんですよ。それで「俺は何をやりたいんだろう？」ってなって、「あっ、ボクシングいいかも」って思ってちょっとだけやったけど、ボクシングも正直アマチュア競技としては地味で、ずっとワンツーってやったりとかだから、それも違うなとなって。それでまたレスリングに戻ってみたときに「やっぱ違うな」となったんで、じゃあＭＭＡかなと。それでやってみたらＭＭＡは好きになれた。好きだからやってる感じっす。

――しっかりしてる。小学生のときに「オリンピックは違うんじゃね？」っていうのがあった？（笑）。

怜　あったっすね（笑）。

――最終的にＭＭＡをやるということになって、鶴屋さん的にはしめしめですか？

浩　まあ、こういう仕事をやっているんでね。自分の息子がＵＦＣに行けるようになって本当にありがたいですよね。それは心からそう思います。

怜　俺はそんなに興味がなかっただけで、小さい頃から格闘技を観てるっちゃ観てるんですよ。それで扇久保（博正）さんとか国内の団体のチャンピオンの姿も近くで見ていて、やっぱり命懸けでチャンピオンにまでなっているところを知っているから、俺もまず初めてパンクラスのベルトを獲ったときはうれしかったですね。うれしさがこみ上げてきて泣いちゃったくらい。

浩　そういうキャラじゃないんだけどね。でも重圧はあるから、そこから解放された感じだったよね。

――キャラ的にはイケイケだから、今度6月30日の『UFC303』でオクタゴンデビューですけど、相手が平良達郎選手がUFC5戦目で闘ったカルロス・ヘルナンデス。このあいだ、その相手に決まったことの感想を聞いたら……。

怜　俺が「イージーですよ」って答えたんですよね。

――「あっ、そんな感覚なんだ」と思って。

浩　もう、いろんな強い選手のところに練習しに行って、いまの自分のレベルがわかっているんじゃないですかね。練習と試合は違うってよく言われるし、たしかに違うんだけど、だいたい似ているじゃないですか？　だから今回もATT（アメリカン・トップチーム）に行ってきて、いろんな強い選手とやってみて、「あっ、自分の思った通りなんだな」って思ったんじゃない？　「そんなに全然かなわない相手じゃないな」とか、「これぐらいの選手ならいけるな」っていう自信があるんじゃないですかね。

怜　そうっすね。

――鶴屋さんの指導者としてのストロングポイントってなんですか？

怜　何も言ってこないところですかね。

浩　基本的にはあんまり言わないですよ。

怜　俺はそのほうがいいんで、それがストロングポイントすね（笑）。

――何も言わない。それはほかの所属選手たちに対してもそうなんですか？

浩　まあ、基本はもう教えてあるから、あとは細かいところだけじゃないですか。そこをそんなに毎日言うこともないから。レスリングのときもそうだったけど、練習をサボったりとかしたらダメなので、それは注意くらいはするけど。

怜　自分は普通に練習に来るんで。

浩　だから俺は強くなる環境を与えて、強い選手とやってみるという、そういうアシストはしています。それこそATTとか八隅のところに練習に行ったりとか、逆にウチのジムに強い選手が来るような状況にもしているし、ボクシングのちゃんとしたコーチを入れたりとか。とにかく練習環境をよくしないとダメで、たとえば狭いジムだと強い選手は作れないんですよ。だから広いスペースじゃなくちゃいけないし、とにかく環境ですね。

――環境とシステム。

浩　たとえば毎日朝から夕方まで仕事をしていたら強くなれない、それも環境じゃないですか。朝練をやって、休んでから午後練に行って、そのあいだに少しキッズの指導をしたりする環境のほうが絶対にいいし、アメリカに1カ月行ける環境のほうがいい。普段の練習のときも、ウチには太田忍のような選手がいるからレスリングも強くなれるし。あとはいろいろな局面でのコミュニケーション。

「『アイアンクロー』は2回観に行きましたよ。マジで『これ、俺じゃん！』って思ったよ（笑）」（浩）

――あっ、鶴屋さんの場合はそこに何か秘密があるような気がしていますよ。

浩　たとえば、ちょっとボクシングとかほかの競技で挫折した選手に対しては、食事に誘って「ＭＭＡもあるよ」ってことで誘ったり。そこで「こういう未来があるよ」ってきちんと話してあげて、少しずついい環境を与えてあげて気分を乗らせるという。まあ、このやり方は全部プロレスから学んだことですけど。

――プロレスから？

浩　ビフテキですよ、ビフテキ（笑）。

――それは前田日明少年を新日本に入門させるべく、新間（寿）さんがとった戦法ですね。まずは美味いものをたらふく食わせるっていう（笑）。

浩　あとは長州力さんも、大学生のときに高級な肉を食べさせられて新日本に入ったんだから（笑）。

――鶴屋さんは人を乗せるのがうまそうですよね。

怜　あー、たしかに。

浩　最初に「こういうふうにやっていくとこうなるよ」っていうのを言ってあげて、騙すっていう。（浅倉）カンナもそうやって騙してＭＭＡをやらせたんで（笑）。当時カンナはただの高校生だったから、「練習に来い」って言っても最初はあまり来なくて、そのうち「東京でバイトをやる」って言い出したんで、「そのバイト代はいくらになるんだ？　そのぶんを払うからウチでパーソナルのトレーナーをやれ」みたいなことを言ったんですよ。それも環境作りですから。だってモノになるってわかってるんだから、それはスカウトしないとダメですよ。

――我が子なら、なおさら24時間騙せるわけですもんね（笑）。

浩　まあ、彼はもともと気が荒いから。

――気が荒い！（笑）。

怜　いやいやいや（笑）。

浩　だからＭＭＡみたいなのが好きなのよ。

――ちなみに、鶴屋4兄弟はみんなレスリングをやっていて、お兄ちゃんの健人選手はボクシングとＭＭＡ。三男と四男はいまどんな感じなんですか？

浩　三男はいま少しジムでＭＭＡをやってます。高校1年生で183センチ。

APP UM

怜　90キロ（笑）。
――183センチ、90キロ！（笑）。
浩　だから、冗談で「新日に入れ」って言ったの。
――それ、よくないですか？　4人もいるんだから、プロレスラーもひとりほしくないですか？（笑）。
浩　いやいや（笑）。それでいちばん下の四男が高校1年で。
怜　183センチです（笑）。
――ツインタワー！（笑）。
怜　でも身体が細いです。
――鶴屋さん、『アイアンクロー』って観ました？
浩　観てるに決まってるじゃないですか。2回観に行きましたよ（笑）。
――鶴屋家は日本版エリック一家ってことはない？（笑）。
浩　あっ、そこに気づいてくれたのは井上さんだけだよ！（笑）。
――いやいや、あれは悲劇の物語がベースじゃないですか（笑）。でも観ていて、「俺、フリッツ・フォン・エリックじゃん」って思いました？
浩　いや、マジで「これ、俺じゃん！」ってなって（笑）。
――アハハハハ！　自分でそう思ったんならそうですよ（笑）。
浩　最後にケビンがお父さんの首を絞めるんだよね。「おまえのせいだ！」って。あれを観ながら俺はそう思った。
――「最後、怜にやられるのか……？」って？（笑）。
浩　まあ、悲劇の部分はちょっと違うけど。フリッツはやりたくないコにもプロレスをやらせてたけど、俺は無理やりやらせたりはしないから。

「俺の場合は絶対にUFCのチャンピオンになります。それ以外にやることがないけど2階級チャンピオンとか」（怜）

――鶴屋家には「やらない」という選択肢がちゃんとあると。
怜　もちろん。でもちょうどいま、四男を高校のボクシング部に入れさせたくて勧めてるところなんですよ。『あしたのジョー』で、丹下段平がジョーに毎日おこづかいをあげたりして、ボクシングをやるように仕向けてたでしょ？　あれってどういう感じだったかなと思って、きのう『あしたのジョー』を一巻からずっと読んでたの。
――すげえ（笑）。
浩　俺もまだあきらめないぞって（笑）。
怜　でも、前からそういう感じっすよね。俺もレスリングは嫌でしたけど、「試合で優勝したらなんか買ってやるから」ってお父さんに言われて、そのためだけにがんばってましたもん。
浩　こっちもよろこんで買ってやるし。

怜　そっか。お父さんも俺が優勝したらうれしかったのか。

――だって我々は親であり、タニマチですもんね（笑）。

浩　本当にそう（笑）。キツくてつらいのはやってる本人だけだから。俺みたいにやったけども三流だった選手とかは子どもに託す部分があるけど、こっちは全然つらくないじゃん。練習して、みんなが観ている前で試合して、勝敗を争うって精神的に相当キツいことだよね。

怜　小学生の頃とかはそうだけど、いまはUFCとかに出て、勝てばお金を稼げるっていうのがあるからキツいだけじゃなくて、ちゃんと見返りはあるっていう。俺の場合は絶対にチャンピオンにもなりますし。

――鶴屋さん、どうなんですか？

浩　いや、それはまだわかんないですよ。

怜　いや、わかるでしょ（笑）。もう絶対、100パーセント獲りますよ。

浩　UFCでベルトを獲ったら、たぶん辞めてもいいと思ってるでしょ？

怜　たしかに獲ったら、もうそれ以外にやることがないけど、まあ、2階級チャンピオンとか。

浩　あっ、こんな時間だよ。俺、このあとちょっと用事があるんでこのへんで失礼させてもらいます。

――ありがとうございました。あっ、鶴屋さん、YouTubeでリック・フレアーvsケリー・フォン・エリックは観ました？

浩　観た！　ケリーのNWA奪取ね。あたりまえじゃないですか（笑）。

――失礼しました（笑）。

浩　じゃあ、また！

――では、ここからは未来のUFC王者に単独インタビューということで。

怜　でもMMAって何がゴールなのか、どこまで行ったらゴールなのかがわかんないです。俺はいつもそう思ってるんですけど、「どこまで強くなったら俺の最大値なのかな。いまってどれぐらいなんだろう？」って。

――鶴屋怜という人間の最強がどこで、いまはどのあたりなのか。

怜　どこが限界なのかなと思って。レスリングのときは2位ぐらいだったから、正直「たぶん、これ以上はいけないな」って自分のなかでわかっていたんですよ。だからそんなにやる気もなかったけど、MMAってどこがゴールなのかがわかんないっす。たとえばUFCのいまのフライ級王者のアレッシャンドリ・パントージャからちゃんと一本を取ったとしても、それより強いヤツもいるじゃないですか。

――またかならず出てくる。

ÀPPLEBUM

怜　絶対強いヤツって出てくるし。だからどれが最大なのかがわかんないし、ずっとやり続けるしかないんだなと思って。そのときいちばん強いってヤツに勝ったからといって、急に出てきた若くてヤバいヤツに負ける可能性だったあるじゃないですか。ただ、MMAってマジで才能かなと思うんですけどね。

――自分にはその才能があると思った？

怜　始めたときに、普通の人よりは格闘技の才能があるかなと思ったっす。才能っていうか、とにかくMMAが好きっすね。レスリングが好きとは冗談でも言えないけど（笑）、たぶんお金が絡んできたりもするじゃないですか。がんばればもっとお金がもらえるしとか、そういうのもたぶんモチベーションとしてあるっすね。

「俺は絶対に人の下にはつけないっす。お父さんが上だからのびのびとやっているだけで格闘技に関しては自己チューです」（怜）

――報酬としてお金を得るっていうのは、格闘技が初めて？

怜　そうです。バイトもしたことがないから格闘技でしかお金をもらったことがないんですよ。だから格闘技を極めていくだけっす。まあ、お金だけじゃないですけど、メイウェザーとかもカネ、カネ言うじゃないですか。やっぱモチベーションとしてそこだよなって（笑）。

――鶴屋怜のいまの人格とか考え方は、いつぐらいにできあがったんですか？

怜　いやー、わかんないっすね。脳みそ自体は5歳ぐらいからあんま変わっていないですけど、MMAをやってからいろんなことを知った感じですかね。まだ完成はしていないですけど、自分でちゃんとお金稼ぐようになってから。

――でも話を聞いていると、意外と小学生くらいから自分というものがあったんだなって。

怜　そうっすね。たしかにお父さんにどうこう言われてやるっていうのは嫌でしたね。お父さんが「タックルに入れ！」ってめっちゃ言うんで、小学校のときはタックルに入らなかったです。性格がひねくれてるんですよね（笑）。

――指示とか命令されるのが嫌。

怜　そうっすね。このあいだも、お兄ちゃんがバイトに遅刻したらしいんですよ。そうしたらバイト先で「次、遅刻したらクビね」みたいに言われたらしくて、そのことを俺に話してきたんですよ。

――「言われたんだよ」って。

怜　それで俺は「はあ？　クビなんて偉そうに言ってんじゃねえよ。そこの店長よりも絶対に俺のほうがもっと稼げるし、そっちはたかだが店長が最高位じゃねえかよ」と思って。そのときに「俺は絶対に人の下にはつけないわ」って思ったっす。お父さんが上だからのびのびとやっているだけで、誰か上がいるとたぶん違ったと思うんですよね。お父さんは本当に俺に何も言わないっすよ。それがいいっすね、俺には。

——練習はどんな感じでやってるんですか?

怜　俺って小さい頃からみんながやらないような技を自分で研究するじゃないですか。「この技、使えるよな」とか思ったりして試してみるんですよ。自分に合った技をやりたいだけなんで、人から教わるとかはあんまりないっすね。

——じゃあ、出稽古なんかは腕試し?

怜　まあ、技術どうこうっていうよりかは、そこでの緊張感ですよね。初めてやる相手との緊張感っていうのは普段とは全然違うし、相手が何をやってくるかわからないっていう点では試合と似た感じでできるのがいいですよね。ATTに行ったのもそれで、べつに技術向上とかはそんなに。技術練とかもやりましたけど、「この技術を盗みたいな」とか思ったことがないですよ。「この先輩とやれば技術が盗めるからやれよ」とか言われたりしても、「べつに技術を盗むとかないし。俺は自分のやり方でやるから」と思って。

——そうなんだ。

怜　高校のときもレスリング部の先生はとにかくタックル、タックルの人だったんですよ。「タックルに入らないヤツはダメだ!」みたいな感じだったんですけど、俺はまったくタックルに入らなかったです。「タックルに入りません」って言いましたもん。本当にそれぐらい、なんか自己チューっすね、俺。格闘技のことに関しては自分のやりたいことだけしかやらない。いや、普段の生活はみんなに合わせますけど(笑)。

——たしかに普段は協調性も高いと思いますよ。

怜　とにかくUFCのベルトは絶対獲るっすね。絶対獲るのは確定なんですけど、自分のなかでは達郎くんと俺のどっちが日本人初かっていう争いなんですよ。達郎くんはどう思っているのか知らないけど、たぶん達郎くんも絶対に日本で最初のチャンピオンになることを狙っているはずなので。神龍(誠)はもうRIZINだから関係ないけど、そこを狙っていて達成する可能性が高いのは達郎くんだけなんですよ。だから俺もチャンピオンになれるんですけど、先に行かれるのが嫌だなってとこだけですよね。

——ヤバい話ですね(笑)。

怜　俺がデビューしたのは3年遅いから、その3年の差を早く埋めないといけないんですよ。だからやっとUFCに来たって感じで、早くランカーとやりたいし。まあ、俺が最初にUFCチャンピオンになりたいから勝手にそう思っているだけで、達郎くんのことが嫌いとかそういうのじゃないです

よ。シンプルにUFCのチャンピオンにはなれるけど、日本人で初めてのチャンピオンになりたいです。そこはだいぶ印象が違うんで。

——たしかに。

怜　達郎くんがチャンピオンになって、そのあと俺が獲っても凄いけど、熱は正直最初のほうがあるじゃないですか。いま獲っちゃえば、日本人どころかアジア人男子初のUFCチャンピオンにもなれるっていうのが魅力的っすね。

「本当はタトゥーも入れたいんですけどね。強さにプラスしてそういうところのアピールも大事だよなって」（怜）

——なるほど。怜選手から見て、ほぼ同世代の平良選手はどんな人ですか？

怜　やさしい人だなって感じですね。

——ボクも取材したことがあるんですけど、物静かで穏やかな人という印象でしたね。

怜　自分とは真逆の、温厚でけっこう真面目って感じだなと思ってるっすけど。

——これから同じUFCで闘うわけですけど、そこは同志のような感覚なのか、それともまわりが思うほどリンクはしていないのか。

PLEBU

怜　普通に一緒に練習もしますし、会ったらしゃべりますし、意識っていうのは、その日本人初のUFCチャンピオンになれるかどうか、ベルトをどっちが先に獲るかっていう点だけで、たぶん試合をやる可能性もほぼないだろうから、ライバル意識っていうのはないですよ。同門ですし。ただ、UFCチャンピオンにどっちが先になるかっていうのは、自分が先になりたいからそう言ってるだけで、それは達郎くんじゃなくてもたぶんそう言うと思います。

――いまからその闘いが始まると。まさか21歳のファイターが「俺には時間がない」と思っていたとは（笑）。

怜　そうっす。3年のブランクを早く埋めないといけない。高校に行く前、お父さんに「もうレスリングじゃなくてMMAをやりたい」って言ったんですよ。でも、そのときはお父さんが「ダメだ」って言って。その高校の3年の差で、もしかしたら俺が先にUFCに行っていたかもしれないじゃないですか。

――あー、たしかに。でも、そのときは「ダメだ」と言われた。

怜　「レスリングに行け」って言われたんですけど、そのレスリングがあったからいまUFCに行けているのかもしれないし。

――そこも難しい。

怜　それはちょっとわからないなと思って。だから国内でも、パンクラスにはランキングがあって、DEEPにはランキングがないじゃないですか。だからパンクラスのほうが勝てばすぐにタイトルマッチを組まれるからパンクラスを選んだんですよ。そうすれば早くUFCに絡めるから。それを「神龍から逃げたんだ」って言う人もいるけど、さっきも言いましたけど、神龍なんてRIZINでやってるからマジでないですよ。俺は早くUFCに行きたかったから、パンクラスに行ったたっていうだけ。

――でも、これからどういう算段になるんだろう？　結局UFCだって、ただ強いだけじゃダメってところがありますよね。フィニッシュできないファイターへの評価が低かったりだとか。

怜　そうですね。

――だから、ちゃんと魅せていなきゃいけないっていう。でも試合で魅せられていますもんね。

怜　そうっすね。だから俺なりに考えた、達郎くんよりも早くタイトルマッチに行ける方法っていうのは「いい試合をする」ってことなんですよ。いい試合をして、プラスちょっとおもしろいキャラっていうか。たとえばショーン・ストリックランドとかも言葉が巧みだからランキング外からタイトルマッチまで行ったりとか、そういうのがあるじゃないですか。

おもしろい試合をしていればいきなりランカーに当てられることもあるだろうから、とりあえず一本を極めて、フィニッシュで勝つっていう。だから、これまでもそこにこだわってるっていうのはあるっすね。

——強いのはあたりまえという舞台ですもんね。

怜 そこでいかにフィニッシュするかっていうのはやっぱ大事だと思うっす。

——タトゥーもないし。

怜 いや、本当は入れたいんですけどね。俺ってべつに格闘技しかやっていないし、これから普通の社会人になるわけじゃないから、俺はもうめちゃくちゃ入れたい派なんですけど、やっぱお父さんがダメって言うんで。それだけは100パーセント。

——ほかのことは何も言わないお父さんだけど、タトゥーだけは絶対にダメ（笑）。

怜 でも大事っすよね？ 俺が思うに、やっぱK－POPアイドルとかもファンじゃなきゃみんな同じ顔に見えたりするじゃないですか？ ハッキリ言って日本人も、外国人からしたらみんな同じ顔に見えるんですよ。だからタトゥーを入れたりとかもしたほうが、やっぱ海外では絶対に人気が出ると思うんですよね。それこそショーン・オマリーとかも、胸にでっかくフクロウのタトゥーを入れたりとかしていたから「あっ、コイツ、フクロウのタトゥーのヤツだ」って認知されて、それから名前が上がっていったりとかしましたもんね。そういうところのアピールも大事だよなって。

——でも最後にいい話が聞けました。チャンピオンになるのはあたりまえで、日本人初のチャンピオンになることを目指してるっていう。

怜 そうっす。チャンピオンになるのは100パーセントなんで。俺が100パーって言ったら100パーなんで（笑）。マジで見ててください。

鶴屋浩（つるや・ひろし）
1970年12月8日生まれ、千葉県鎌ケ谷市出身。
THE BLAKBELT JAPAN代表。
自身も格闘家として修斗や柔術の大会に出場し、元修斗ウェルター級ランカー5位、2004年世界マスター&シニアブラジリアン柔術大会茶帯レーヴィー級優勝、2005年ルタドールNO-GI JIU-JITSU無差別級決勝では柔術世界王者のビビアーノ・フェルナンデスを破って優勝するなどの実績を持つ（柔術は黒帯）。1999年にパラエストラ松戸を設立し、RIZINバンタム級グランプリ優勝者の扇久保博正を始め、仙三、内藤のび太、岡田遼、神田コウヤ、浅倉カンナ、鶴屋怜など数々の名選手を輩出している。2024年4月よりパラエストラグループから独立し、松根良太とともに「THE BLAKBELT JAPAN」を発足した。

鶴屋怜（つるや・れい）
2002年6月22日生まれ、千葉県柏市出身。
総合格闘家。THE BLACKBELT JAPAN所属。
幼少期から父・浩氏の勧めでレスリングを始め、小学4年、6年で全国優勝。日本体育大学柏高等学校では、高校2年時にジュニアオリンピック準優勝、世界大会出場。高校3年時に全国高校選抜大会フリースタイル60kg級で準優勝。団体戦ではインターハイ、全国選抜で3年連続団体戦全国優勝を果たす。またブラジリアン柔術では小学4年時に世界大会のアブダビワールドプロ柔術2013ジュニアの部で優勝。サンボでは全日本キッズサンボ選手権中学生の部で優勝している。高校3年時の2021年2月21日、『DEEP 100 IMPACT～20th Anniversary～』における竜己戦でプロデビュー。2022年12月25日、パンクラスフライ級タイトルマッチで王者・猿飛流に一本勝ちを収めて第8代王者となる。2023年5月から開催された『Road to UFC Season 2』のフライ級トーナメントに出場。2024年2月4日の決勝でジー・ニウシュイエを破ってUFC契約を勝ち取った。2024年6月30日（現地時間29日）、ラスベガスで開催される『UFC 303:McGregor vs. Chandler』にてカルロス・ヘルナンデス戦でオクタゴンデビューが決定している。

自己投影観戦記 できれば強くなりたかった

第147回 カネロ、井上尚弥、マウリシオ・ルフィ

椎名基樹

椎名基樹（しいな・もとき）1968年4月11日生まれ。放送作家。コラムニスト。

5月の新緑の季節の歌といえば「目に青葉山ホトトギス 初鰹」であるが、私の5月は「目には目を 殺せホトトギス 勝つまでは」と下手くそな句をひねりたくなるほど、バトルスポーツづくしだった。

最初のビッグマッチは、ボクシング・スーパーミドル級統一王者、カネロことサウル・アルバレスvsハメイ・ムンギアのタイトルマッチだ。

カネロは、言わずと知れた、現在のボクシング界の「顔」である。実績・人気とも飛び抜けていて、世界チャンピオンの中で「王の中の王」として君臨している。

ムンギアは、世界ランカー入りしたあたりの若手の頃から、次世代の「王の中の王」の候補のひとりとして、DAZNがプッシュしている選手である。スーパーウェルター級の世界タイトルを5度防衛し、今回はスーパーミドル級にウェイトアップし、満を持して「王の中の王」に挑んだ。

下の階級からの挑戦であるムンギアであるが、むしろ体格はカネロよりひと回り大きく、若く、実力も折り紙つきなので、期待したが、結果として、カネロの強さばかりが目立った。

相手の至近距離に立って、ガードを固めて、パンチを防御しながら、突然「静」から「動」に切り替わり、コンビネーションを叩き込む様は、不精髭を生やし、どこか浪人侍風のカネロの風貌も相まって、さながら居合いの達人のように感じた。カネロは日本のテレビCMで宮本武蔵役なぞやったらはまりそうだ。

井上尚弥のタイトルマッチは、東京ドームでは34年ぶりのボクシング開催で、日本人がメインを張るのは初めてだそうだ。歴史的快挙である。

対戦相手が、体重超過をしたうえに、山中慎介の防衛記録を阻んだ、日本人にとって憎きヒール、ルイス・ネリということもあり、スタジアムは超満員の観客で埋まった。

1Rのダウンには驚いたが、その後は圧倒して、いつものように相手を粉砕してKO勝ちを収めた。

試合後、スーパーバンタム級の1位にランクされている外国人選手が、リング上に上がり、次の対戦相手として紹介された。

井上が現在の国内路線を進むことはわかっていながら、これには正直がっかりした。若手のスター候補を迎え撃ち、見事に圧倒したカネロとは、井上尚弥は、真逆に見えた。

ボクサーの目的は、防衛記録を伸ばすことでも、パウンドフォーパウンドランキングで評価されることでもない。

ボクサーの目指す場所は、ボクシング界に君臨する、数人の「ボクシングゴッド」とマッチメイクされ、世界規模のメガイベントのリングに上がることだ。

さらに、その試合に勝利し、自らが「ボクシングゴッド」の一員となり、カネロのようにその頂点に立つことが、ボクサーが目指す最終地点だ。

残念ながら、スーパーバンタム級では「ボクシングゴッド」になる権利はない。最低ライト級以上だろう。

しかし、スーパーバンタムの1階級上のフェザーか、その上のスーパーフェザーで、井上尚弥が現在しているような勝ちっぷりを見せたら、ボクシングの神の住む世界への扉が、きっと開かれることだろう。

あとたった1階級か2階級、体重にして3キロ少しで、日本人ボクサーがまだ誰も踏み入れたことがない場所（率直に言ってしまえば、それは本物のボクシングの世界だ）に行ける可能性が見えてくると思う。

くだんの試合のテレビ解説者は「スーパーバンタムが井上尚弥の適正体重である」と言った。しかし、プロボクシングに適正体重などない。メガイベントが開催できる、体重に合わせて闘うのが、現在のボクシングだ。

ムンギアだって今回2階級上げているし、カネロも4階級を行き来しながら、タイトルマッチをおこなっている。フライ級チャンピオンから始まって、スーパーウェルター級チャンピオンにまでなった、マニー・パッキャオの出現で、その傾向はボクシング界に完全に定着したと思う。

ボクシングファンの多くは、井上尚弥に対して「もしかしてパッキャオになれるのでは？」と、夢想しているのではないか。

井上尚弥が、誰よりも遠くに飛べる翼を持ちながら、冒険を限定してしまっていることは、私にはなんだか不思議に見える。

「ブラジリアン・マクレガー」とあだ名され、ネットで噂の的になっていたマウリシオ・ルフィが、UFC301でオクタゴン初登場した。コナー・マクレガーを彷彿とさせる、変幻自在の闘いぶりで、一見してファンになってしまった。

ガードを下げて、広いスタンスの空手チックな構えから、水面蹴り、後ろ回し蹴り、カーフキック、そして蟹挟みと、多彩な足技が繰り出される。

いきなりの右ストレートに独特の当て勘を持ち、まるでキャノン砲だ。防御にまわっては、L字ガードで、上体を左右に揺らしながら相手のパンチを交わす。非常に華がある。

最後は『バーチャファイター』のサラ級の美しいフォームのフライングニーキックを、顔面に叩き込んでKO勝ちした。

やはり総合格闘技は、こうした闘い方の自由さがあると、観ていて楽しいし感動する。創造性が、総合格闘技の魅力の大きな一部だと再確認した。

リングネームの「ルフィ」は、漫画の『ワンピース』の主人公から取ったそうな。マジかよ！ 1回も読んだことねーよ。時代が変わったなぁ。そんなブラジリアン・ルフィは27歳だそうだ。

これを書いている時点では、未来の話だが、ウシクvsフューリーのボクシングヘビー級タイトルマッチも5月に開催される。またDAZNを再契約しなくては。機械に弱いから、ちゃんと映るかそのたびに不安なんだよなぁ。

『THE SECOND 2024』準優勝

ザ・パンチ

パンチ浜崎・ノーパンチ松尾

おもしろい人はなぜおもしろいのかを
調査する好評連載・第41回

M-1で最下位だったときも。
『THE SECOND』決勝で
最低点を叩き出したときも。
ザ・パンチは楽しいから漫才をやっている!!

収録日：2024年5月15日
撮影：タイコウクニヨシ
聞き手：大井洋一　構成：井上崇宏

「ボクらは高2で学生服で漫才していたときから、
楽しいから辞めていないってだけなんです。
あんまり頭もよくないんで5年後、
10年後のことを考えるのは楽しくねえなーって。
いま考えることは
『明日ウケるために何をするか』だけで」

1998年。

ボクは放送作家になりたかったけど、ただ、なり方がわからなくて、吉本興業が運営していた「渋谷公園通り劇場」で新人芸人募集のオーディションをおこなっていることを知り、「芸人として劇場に入ってから、よきところで作家になればいいか」と受けに行った。そのオーディションは定期的にやっていて、ボクらよりも少し前に受かっていたのがザ・パンチ（当時は「松尾・浜崎」）だった。

あの頃、ふたりは高校2年生で、学生服で漫才をやっていて、「売れる芸人っていうのはこうやって早くから舞台に立って芸を磨いて登っていくんだな」と思っていた。ところが、その後、なかなかの苦戦が強いられる。

M－1のファイナリストになったのは芸歴10年目の2008年。そこでも思ったような結果が出せず、M－1挑戦の資格も失った。

M－1の挑戦権を失った漫才師たちは、売れるために次第に漫才以外のことに活路を見い出し、どんどんと漫才から遠のいていく。ただ、ザ・パンチはずっと漫才をしていたみたいです。

今回の『THE SECOND』に挑むまでの16年間。ひたすら漫才の刀を磨き続けたモチベーションは、いったいなんだったのか？

「漫才はね、コンテストのためにやってないの。楽しいからやってるの」という、まるでホリエモンが「ちゃんと野菜も食べてて偉いね」と言われたときみたいな返しがきた。

楽しいから漫才をやっている。当たり前だけど、いちばん強い答えですよね。

学生服を着て漫才をしていたあの公園通り劇場のときも、M－1で最下位だったときも、『THE SECOND』の決勝で最低点を叩き出したときも、ザ・パンチは楽しいから漫才をやっている。ずっと変わらず楽しんでいる。

楽しんでいる人を見るのは、楽しいですよね。（大井）

「人生を器用に生きられるヤツは、別のことをやりながらたまにネタをする感じだけど、我々はほかのことが何もできない（笑）」（松尾）

――3日後におこなわれる『THE SECOND～漫才トーナメント2024』グランプリファイナル進出、おめでとうございます！　まさに〝THE SECOND〟っていう話なんですけど、やっぱり「いま、風が吹いてるな」っていう感じがしてますか？（笑）。

松尾　まさに〝THE SECOND〟なんですよ。もうキャリアが27年目になるんです。

――もう27年目ですか（笑）。

浜崎　だって大井さんとだいたい一緒ですよ。

――でもボクはあくまでも後輩ですから。数カ月だけ（笑）。

浜崎　いやいや、そのたった数カ月のキャリアの差をずっと気に留めてくれているのはやめてください（笑）。でも大井さんにはタメ語を使ったことがないですよ。

――そちらはもうタメ語でお願いしますよ。

松尾　まあ、27年目に『THE SECOND』ということで、ちゃんと俺たちはチャンスが2回目なんですよ。

――「リアルに勘定があってるのは俺たちだ」と。

松尾　でも冷静に考えて、やっぱ27年でチャンス2回って少なすぎるんじゃないかって（笑）。

浜崎　16年ぐらい前にM−1ラストイヤーで散って以来。

――あれは2008年ですよ。

浜崎　いま一緒に『THE SECOND』で出ている金属バットとかは、あれぐらいに芸人を始めたんで（笑）。

――金属バットはチャンスをもらうのが早いと（笑）。

松尾　みんな一緒にね、「2回目のチャンスを掴みに行こう！」なんてやってるけど、隣を見たら10何年後輩の連中が平気で座ってて（笑）。

浜崎　逆に先輩方のほうは思ったよりもいなくなっちゃったっていうのもあり。

――でも、ザ・パンチはずっと現役として漫才をやり続けたわけですよね。

浜崎　まあ、やり続けたってことになりますけど、やれ映画を撮るだったり、やれ漫画を描くとか、やれボートレース芸人だとかで勝手にみんながいなくなっちゃって（笑）。

松尾　会社を起こしてなんかやったり、バーを始めましたみたいなのがいたり、いろいろ人生を器用に生きられるヤツは、そういうことをやりながらたまにネタをするって感じですけど、我々はほかのことが何もできないんで（笑）。

浜崎　そうなんですよ。

松尾　べつにね、「絶対に漫才を続けていこう！」っていうよりは、なんとなく劇場から呼んでいただけるからネタはやる、やったら楽しいっていうので辞めてないっていうだけなんです（笑）。

――2008年のM−1のファイナルで最下位だったときから今日までというか、『THE SECOND』が始まった昨年まで、明確な目標となるものがなかったわけですよね。

松尾　そうですね。

――もちろん劇場には出続けていて、でも出た先にどうするんだっていう。

松尾　あっ、それはけっこうあって、日々劇場に来て、いろんな先輩とか後輩を観て、「いやー、おもしろいな」「俺らも

もっとウケたいな」「さっきのをもっとウケるようにしよう」「今日いちばんウケよう」みたいなことだけはやっていたんですよ。で、あるとき、「あれ……？　で、なに？」みたいな（笑）。

――「だからなんなんだ？」ってなった。

松尾　ウケたけど、袖にはけてきたときに吉本の社員が見ているわけでもないとか、「いまがザ・パンチ史上いちばんおもしろいのに、仕事が減ってるのはどういうことなんだ？」みたいな時期はありましたね。

――そうなると、やっぱりどんどん腐っていくじゃないですか。

浜崎　いや、腐らないですよ。なぜなら楽屋が楽しいから（笑）。

松尾　あとは我々の頭がよくないから（笑）。

浜崎　頭がよくないのと、どの劇場に行ってもおもしろいヤツばっかいるんですよ。だからボクは芸人以外の仕事をちゃんとしたことがないですけど、たぶん最高の職場だと思うので。

――劇場の楽屋って絶対に楽しいですよね。

松尾　それと「いまの俺が最悪だと思ってたけど、隣のコイツよりはマシだな」みたいなヤツも劇場にはちゃんといるんですよ（笑）。

「2年目ぐらいからうしろから後輩に抜き去られる現象がずっと起き続けて、もう27年なんでそれがあたりまえっていう」（浜崎）

――下には下がいるぞと（笑）。いまいちわかっていないんですけど、劇場に呼んでもらえる人と呼んでもらえない人っていうのはどういう線引きなんですか？

松尾　いや、それがボクらもよくわからなくて。

――たとえば、賞レースに優勝したら呼ばれ続けるのはわかります。あとは若くて勢いがある人も呼ばれ続ける。

松尾　そうなんですよ。

――そこでザ・パンチが呼ばれ続ける理由はなんですか？

浜崎　細かいことを言うと、いまよしもとの劇場ってあちこちにあるじゃないですか。なのに中堅とかベテランはどんどん減っていく。

――自然の摂理ですね。

浜崎　それで大宮よしもと、幕張よしもと、沼津よしもとには若手の人気者は来るけど、すげえ売れてる人は来ないわけですよ。ボクらはそこでのトリ要員みたいな。

松尾　最後のほうになんとなくおじさんっぽいのが立ってたら、ちょっと締まるじゃないですか（笑）。

――アハハハハ！　なるほど！（笑）。

松尾　しかも、恥ずかしながら我々は劇場からしたら非常にリーズナブル（笑）。

浜崎　たぶん、単価の安いおじさん芸人がいまは減ってるんですよ。だからボクらとトータルテンボスとかレイザーラモンさんとか、佐久間一行さんとか、じつはそのへんしかもういないんですよ。あっちこち行くけど、トリっぽい人が意外ともう少なくなっちゃってて。

――東京2期、3期界隈ですね（笑）。

浜崎　そうです（笑）。たぶん、そこがこの10年ぐらいは変わっていないんじゃないかな。

――だから、どこかしらで出番があると。

松尾　っていう感じですね。

――でも、そこで若手の追い上げ、追い抜きみたいなものもあるわけじゃないですか。

松尾　もちろん。毎年ね、年末にM－1もありますし。

浜崎　ただ、大井さん。ボクらは東京NSCで言ったら3期生扱いなんですけど、1年あとの4期生は、森三中、ロバート、インパルス、椿鬼奴とかっていう「花の4期」って呼ばれてるんですよ。

松尾　森三中、インパルス、ロバートに関しては、抜かれたことすら気づかないぐらいのスピードで抜かれたんで（笑）。

浜崎　うしろにいた記憶すらない（笑）。

松尾　だから抜かれ慣れはしてる。もう全然へっちゃら。ショックとかあんまりない。

浜崎　だから2年目ぐらいからずっとその現象が起き続けて、もう27年なんで。うしろから抜き去られてもあたりまえっていう。

――抜かれたときに、やっかみとか焦りがないんですか？

松尾　焦り？　やっぱバカなんでしょうねえ（笑）。

浜崎　でもボクが芸歴6、7年目くらいのときに、それこそ借金がいっぱいになっちゃって、「そろそろヤバいぞ。これを続けるのは厳しいぞ……」ってなったんですけど、そのタイミングでM－1の準決勝とかに行けるようになり、ちょっとずつですけど稼げるようになってギリギリ耐えたみたいな。もうちょっとダメだったら無理だったかもなっていうのはありましたね。

松尾　あとは人気者がいっぱい出てきて、ボクらとは給料明細の額面も全然違うだろうし、舞台に出て行ったときのお客さんのよろこび方も違うんですけど、ネタをやってる5分とか10分のあいだはひっくり返せるというか。そこはお金を払ってるお客さんのリアクションがすべてじゃないですか？それはべつにできてるかなと。

浜崎　ちゃんと人気者が盛り上がるし、お客さんも楽しく観てるしで、最後にボクらが出てきて、お客さんが「誰だ？　もう帰ろうかな」ぐらいで観ていたお客さんが、最後ネタが終わるときに笑いながら手を叩いてるところを見られる、あれの快感は代えがたいっすね。

松尾　変な話、「あっ、こっちのほうがウケたな」っていうね。

「息子が『お父さんの好きなビールを買ってきたよー！』って持ってくるんですけど、それはビールじゃなくて発泡酒なんですよ」（松尾）

――「勝ったな」っていう感じですね。

松尾　それはずっと目指してるところというか、「劇場に出たら、いちばんウケたいな」っていうだけなので。

浜崎　そうしたら、その日1日が楽しかったりするじゃないですか（笑）。

松尾　ちゃんといい酒も飲めるんですよ（笑）。

浜崎　その連続でここまで来ましたね。

――実生活としての苦しさはあるんですか？　もっと売れたい、もっとお金ほしいっていう。

浜崎　そりゃ単価は上げたいですよ（笑）。

松尾　たとえば、3歳になるウチの息子が嫁さんとスーパーに行って帰ってきて、「お父さんの好きなの買ってきたよー！　ビール！　ビール！」って走って持ってくるんですよ。息子が「これ、お父さんがいつも飲んでるやつだ」と言ってカゴに入れたと。たしかにそれはいつも俺が飲んでるやつだったんですけど、ビールじゃなくて発泡酒なんですよ。「大好きで飲んでるわけじゃねえんだけどなあ……」と思って。「コイツ、これのことをビールだと思ってるんだよな……がんばろ」みたいな（笑）。

浜崎　ボクも3歳の娘がいますけど、ちょうど今日、習い事の体験に行ってるらしいんですよ。もう震え始めますよね（笑）。

――月謝代はいくらかかるんだと（笑）。

浜崎　「体験に行ってみてよかったら、来月から払い始めるのか……」とか、そういうのはありますけど（笑）。

松尾　「おい、電動自転車って原付よりも高えじゃねえかよ……」みたいなのとかね（笑）。

浜崎　そういうのはありますけど、いまって正直けっこう満たされちゃってるというか。よくないんですけど。

――キャリアを重ねていくうちにコンビ間での価値観の違いっていうのが出てきがちじゃないですか？　ちょっと価値観が違ってきたから解散します、みたいな。

松尾　はいはい、よくありますね。

――だけどザ・パンチはもうずっと同じ価値観ですか？

浜崎　そうっすね。
松尾　お互いの人生をそれぞれ歩みながら、たまに入ってきた仕事だけ一緒にやるみたいなコンビもけっこういるんですけど、ボクらはふたりでどっか行くとか飲みに行くとかはないですけど、ほかに何人かいたらべつにへっちゃらですし。
浜崎　だから大井さんとザ・パンチの3人で飲みに行くとかは全然大丈夫なんですよ。サシはないけど、誰かを入れて3人だったら全然オッケーみたいな。
松尾　きのうもね、幕張の劇場からの帰り道に、ザ・パンチとジョイマンとLLRの福田の5人で電車のなかで缶ビールを飲みながら帰りましたよ（笑）。
浜崎　「40分ぐらいだから500ミリ缶2本だな」とか言って（笑）。
――じゃあ、ふたりのあいだで喧嘩とかもないんですか？
浜崎　喧嘩はないですけど、ボクがお酒にだらしないという理由で、ちゃんとソフトゲンコツぐらいはいただいています。ボクが飲んでどうしようもなくつまんないときに。
――平和ですね（笑）。
松尾　まあ、ソフトゲンコツって言いましたけど、まわりの芸人から見たら「松尾さん、きのうってちゃんと殴ってませんでした？」ぐらいのことにはなります（笑）。
浜崎　あっ、そうそう。きのうも言われたもんね。「噂で聞いたんですけど、沼津の打ち上げで松尾さんがパンチさんをボコボコにしたって……」みたいな（笑）。
松尾　「ぶん殴り合いの喧嘩をしたらしいですけど、本当ですか？」って。「いや、違うのよ。ただ酔っぱらってつまんなかったから、多少ぶん殴っただけ」っていうくらい。
浜崎　っていうのはありますね。
――コンビとして、今後の活動とかに関する話とかはするんですか？
松尾　「これからこうやっていこう」とかはしないですね。それよりも「明日、ウケたいね」っていう話はします。いまからやる舞台をどうやってウケるようにしようかとか。
――短期目標ですね。
松尾　そうなんですよ。遠くは見ることができないんで。

「進学とか就職が嫌だから、高2から漫才やっちゃってるだけなんですよ。好きなように、できるだけ遊んで暮らしたいです」（浜崎）

浜崎　大井さん。ボクらは高校のときとマジで変わってないんですよ。高校2年で初めて大井さんと会ったときから。
――渋谷の公園通り劇場に来て以来、変わっていない（笑）。
浜崎　高2のときに制服でなんとなく漫才していたときから、

あんまり頭がよくないんで5年後、10年後の話ができないんですよ。

――そうは言っても、27年続けるってなかなかできないですよ。

松尾 よく「10年後にどうなっていたいから、じゃあ、いまから何をするか。1年後にどうなっている必要があるか。それで決まってくる」みたいなことを言うじゃないですか？「うるせー!」って思っちゃうんですよね。

浜崎 そうなんですよね。

松尾 「楽しくねえなー」って（笑）。いま考えることは「明日ウケるために何をするか」だけですよね。

浜崎 進学とか就職が嫌だから、高2から漫才やっちゃってるだけなんですよ（笑）。だからそんなことを言われても、「好きなように、できるだけ遊んで暮らしたいです。すいませーん」って（笑）。

松尾 本当に申し訳ないんですけどね。あまりにも中身のないふたりなんで（笑）。

浜崎 いやいや、本当にすみません。

――ところで沼津の劇場がかなりいいっていう話を聞いたんですけど。

浜崎 あっ、そうなんですよ。沼津によしもとの秘密の劇場があって……。

松尾 秘密の劇場じゃないよ。あまりお客さんが来ていないだけ（笑）。

浜崎 民家かと思ったら寿司屋だったみたいな感じで、「あっ、こんなところに!?」みたいな。そこで「沼津太鼓判ライブ」っていうのを始めまして。

松尾 去年の『THE SECOND』が終わってからすぐだったよな。

浜崎 そう。5月に『THE SECOND』があって、6月にはやってたんですけど、土曜日も日曜日も同じ芸人が出るんですよ。それで土曜日は1組6分の漫才を4本やって、夜は作家さんもいてくれて意見交換会をして、次の日の日曜日もまた6分の漫才を4本するっていう。だからめちゃくちゃ『THE SECOND』対策なんですよ。

――要するに、土曜日にやったネタを「もっとこうしたほうがいいんじゃないですか」ってスタッフや作家と話し合って、また日曜日にやってみる。

松尾 ちょっとブラッシュアップしたりして。

浜崎 「これはダメだな」ってのはもう全然違うやつにしたりとか。2日間で8種類のネタをやるコンビもいるし、4種類だったり5種類だったりを8本やっていいよっていうのでやらせてもらって。だからもうめちゃくちゃ『THE SECOND』仕様で。

松尾　ありがたいよね。マラソンの練習でちょっと長めに走るのと一緒で、『THE SECOND』ってやっても3本じゃないですか？　そこで4本やっておくっていう（笑）。

——選択肢を多くしておくわけですね（笑）。

松尾　それを毎月ぐらいやってますね。

——えっ、毎月!?

浜崎　もうね、先月で12カ月連続12回目でした。

——へえー！　じゃあ、そこでかなりブラッシュアップされたものができあがっていると。

松尾　まあ、そうですね。

浜崎　ずっと揉まれましたね。

松尾　それも本当にありがたいよね。だからもうおじさんばっかり出てるんで。いまってあまりおじさんだらけで寄席は組まないですけど、それをやってくれたんで。しかもチケット代が1枚1000円なんですね。

浜崎　沼津の人が来やすいように、気軽に観ていただけるように。いまのところこうやって残れているのは、もうそれのおかげですね。

松尾　もう行き過ぎているからだと思うんですけど、沼津のホテルのフロントで「松尾です」って言うと、「あっ、ノーパンチ松尾様ですね」って言われるぐらい行ってますからね（笑）。

「『死んで〜』っていうネタをやめてからガラッと変えたわけじゃないんです。ゆっくりといまの形に流れ着いただけで」（松尾）

——M－1に行ったりとかする前に、形作りというか、パンチパーマにしたり、名前をパラメからザ・パンチに変えてとか試行錯誤をしたわけですよね。

松尾　あれは鈴木おさむさんの舞台で（笑）。

浜崎　『おさむショー』っていうお笑いの芝居の舞台で、「ちょっとキャラが薄いから今回はパンチパーマで出てみない？」って言われて、「あっ、全然やります」ってパンチパーマにしたっていう。

松尾　でも本番だけだと思っていたんだよね。

浜崎　うん。でもね、実際に普通の髪型のヤツがパンチパーマになったら、ちょっとみんな笑ってくれたりするんですよ。なんかシチューを食べてるだけでみんな笑うみたいな（笑）。

——「パンチパーマがシチュー食ってるぞ！」と（笑）。

浜崎　それでボクもなんか凄くウケやすいなっていうときに、おさむさんから「もうさ、ちょっと1回、ザ・パンチってコンビ名で、パンチ浜崎でやったら？」って言われて。

松尾　それで「ちょっと待ってください。おさむさん、ボク

はどうしたらいいんですか?」って聞いたら、「あっ、ノーパンチ松尾でいいんじゃないの?」って言われて、そこでまたみんなが笑って。

浜崎　それが21年くらい前なんですけど。

――それってけっこうな方向転換じゃないですか。

松尾　でもボクたちが「じゃあ、そうします!」とかじゃなくて、その場所によしもとの社員もいて、「じゃあ、ほんまにコンビ名も変えときますねー」みたいな、その流れにただ乗っただけというか。

――ヘラヘラしているうちに方向転換(笑)。

松尾　ヘラヘラしてたら相方がパンチパーマになってたし、名前もザ・パンチになったしっていう。

浜崎　なんかおもしろそうだなぐらいでしたね。

――「いや、俺、ちょっと格好だけで笑わせるは嫌っすね」みたいなのはなく?

浜崎　すんません、なかったです。「おもしろそうだな」と思っただけ(笑)。

松尾　話になんないな!(笑)。でも実際に平場はちょっとよくなったんですよ。何かが乗っかることによってみんなもいじってくれるし。それでおさむさんが「じゃあ、1年間パンチパーマ代を俺が出してやるから」って。

浜崎　「これでちょっと1年やってみ」っていう。

松尾　ただ、それで平場はよくなったんですけど、ネタはそれまでやっていたネタのどれをやっても前よりちょっとウケないっていうのが続くんですよ。

――それは元からのネタと新しいルックスの相性がよくないからですか？

松尾　コントをするのも、普通の漫才するのもなんか変で。「じゃあ、それ用に作ってみようか」ってやってみても、どうもカチッとハマらない時期がけっこう続いて、「じゃあ、どうしようか？」ってできたのがあの「死んで～」っていうネタで、「あっ、ラッキー、ラッキー！　いいのできた！」っていう感じでしばらくやっていたって感じですね。

――でも、「死んで～」も批判が殺到してできなくなるわけじゃないですか。そこからまた新しい形を作らなきゃいけないってなったとき、もうM－1の挑戦資格はなかったし、まだ『THE SECOND』も始まっていなかったですよね。そこで新しい形を作っていくときのモチベーションはなんだったんですか？

松尾　そのモチベーションはそんなにないというか、あの「死んで～」っていうネタの形でいろんな場所に呼ばれていくなかで、あのネタは7分ぐらいが限界ですよね。それでいろいろやりながら、あの濃度をもうちょっと薄くしたネタをあちこちでやっていたんですよ。そうしたら薄くしていったほうがウケると。そんなときに東日本の大震災が起きてしまったので、「じゃあ、あのツッコミはもう無しにしよう」ってことで、だいぶ濃度も薄く、もうちょっとわかりやすくしていった感じで、ゆっくりゆっくりといまの形に流れ着いたっていうだけで。ガラッと変えたわけじゃないんですよ、まったく（笑）。

浜崎　だから戦略とかじゃないんですよ。完全にきっかけは震災で、あのときにみんな1回仕事がなくなって、ようやくできるようになったのがチャリティーでいろんな被災地に行く青空花月ですよね。もちろん、そこで「死んで〜」なんて言うわけがないし、避難所のおじいちゃん、おばあちゃんとか子どもたちができるだけ笑ってくれるものを探して、そこから老若男女に笑っていただける大衆漫才のほうにどんどんなっていきましたね。寄席だとそっちのほうがいいし。

松尾　だから急に変わったように見えるけど、「よっこらしょ」で変えたんじゃ全然なくて、じつはゆっくりとグラデーションで変わってきただけで。だから、そんなに違和感もなく「あっ、こっちのほうがいいじゃん」っていうのが連続で来たんで。そんな新しい形とかを考えてはいなかったですね。

「気がつけば『THE SECOND』でも最長キャリアですから。もう職場が楽しすぎるから困るんですよ（笑）」（浜崎）

――そうだったんですね。そんななかで去年『THE SECOND』が始まって、いわゆるコンテストで勝つというモチベーションっていうのは当然あるわけですよね？

浜崎　まあ、始まってエントリーしたからには。

松尾　まあね、「負けたくはない」ってのはもちろんありますけど、最初はちょっとだけ「なんてことをしてくれたんだ」みたいな。平和な漫才村で鬼ごっこをしていたのに（笑）。

――こっちは一丁あがってるのに（笑）。

松尾　急に火がついた矢じりが飛んできて、「戦（いくさ）だ！」って言われたような感じはしましたけど。

――おじさんたちが集まって（笑）。

浜崎　急に「闘え！」って。それで闘わないとダサいみたいな感じもありましたし。

――ずっと漫才をやっていますからね。

松尾　「絶対に出るんだけど、普段も劇場で勝ちたいと思ってやってるけど、でも……」っていうのはね。ただ、そこはやり始めたらやっぱり楽しいですけどね。

――勝ち負けがつくことも含めて。

松尾　ちょっとひりつくのも楽しいですし。

浜崎　あとは「後輩たちも見てる率」が尋常じゃないんで。やっぱ、みんなちょっと他人事のエンタメを楽しんでるみたいな。

――若手からしたら出られないわけですもんね。

浜崎　いや、そんなのは関係なく、先輩方が闘ってるのがなんかおもしれえみたいな（笑）。

松尾　YouTubeでたまにある外国人同士の喧嘩（笑）。

浜崎　「東京ダイナマイトさんとザ・パンチさんの対決なんてめっちゃ楽しみじゃん！」みたいな。そうやって気軽に楽しんでくれて、凄くキラキラした目で『THE SECOND』の話をしてきますもん（笑）。

松尾　それでみんながね、「がんばってください！」とか「期待してます！」とか「ザ・パンチさん、あるんじゃないですか!?」とかって、それは先輩からもスタッフさんからも言っていただけるんで、本当は始まってほしくないと言いますか（笑）。

浜崎　もうこのままでいいのに（笑）。

松尾　当日を迎えたくないという状態ですね（笑）。

浜崎　これは勝ち残ったから思えることだと思うんですけど、「お祭りがそろそろ終わっちゃう……」と。「どんな結果であれ、あと3日後に終わっちゃうんだな」っていう。

――ただ、優勝したら次のお祭りが始まりますよ。

松尾　まあ、そうですね。そこもなんとか……。

――なんでそんなに重い表情をするんですか（笑）。

松尾　あっ、全然嫌じゃないんですけど（笑）。

浜崎　ただ楽しくやりたいだけなんですけどね。ずっと。

――ボクにとっては渋谷公園通り劇場からの先輩ですけど、高校2年生で入ってきて制服で漫才をしている当時のコンビ名は「松尾・浜崎」でしたよね。まさかあの松尾・浜崎がこんないぶし銀になるとは思わなかったですよ（笑）。

浜崎　だって、大井さん、そこから27年ですよ！（笑）。

――若さで売ってるコンビだったのが、気がつけばもう風貌がヤバいですよね（笑）。

浜崎　『THE SECOND』で最長キャリアですからね（笑）。

――あっ、マジっすか！

松尾　自分でも想像していなかったですよ。この歳でね。やっぱり高校生の頃って世の中のことを何も知らないんで、自分たちのことを凄いと思ってたんですけど。

――そうですよね。全員そうですよ。

松尾　ただ、すぐに気づくじゃないですか。「あっ、全然天才じゃないじゃん」って（笑）。

浜崎　「凄い人がいっぱいいるな」って。

松尾　で、40いくつになったとき、めちゃくちゃ売れてるか、もうやっていないかのどっちかだと思っていたでんすよ。この「売れてないのにずっとやってる」っていう未来は想像していなかったですよね（笑）。

浜崎　職場が楽しすぎるんですよ。楽しすぎるから困るんですよ（笑）。

「まだ何も成し遂げてないくせに『THE SECOND』が終わってほしくないって思ってます。ってことは始まってほしくもない（笑）」（松尾）

——『THE SECOND』というものが始まってしまった以上、これからも果てしなく闘いが続くわけですよね。

松尾　そうなんです。もともと、あまりほかの芸人に嫉妬とかそういうのはしないですけど、やっぱり『THE SECOND』ってタイマンだからどうしても勝ちたいんで、相手がネタをやってるときに「スベってくれ」って思ってしまう自分と対面してしまって、自分のことが少し嫌いになることがあるんですよ（笑）。でもコイツ（浜崎）なんかは、かもめんたる、東京ダイナマイトさんと、2回ともボクらが先攻だったので、ネタをやってはけた瞬間にスタジオからいなく

なりましたもんね。

——なんでですか？

浜崎　ボク、嫌ですもん。尊敬する大好きな先輩である東京ダイナマイトさんがネタをやっているのを「スベれ」って思いながら観るのが嫌だからトイレに行きました。（ハチミツ）二郎さんが入院していて、病院の面会ルームみたいなところで点滴をしながらネタ合わせして、そのまま杖をついて来られて、漫才して、それで終わったらまた病院に帰るっていうことを知ってますもん。それなのに、たとえ賞レースでも対決でも「スベれ」って思うのはどうしても……。だから、「あっ、そうだ。トイレに行こう」と。

——ああ……。でも、それぞれにそれぞれのキャリアがあってここまで来ているから、その対決がおもしろいっていう面もありますよね。過酷ではありますけど。

松尾　こっちはしんどいですけど、そうなんですよね。

浜崎　東京ダイナマイトさんとはいちばんやりたくなかったですね。本当にいちばん闘いたくなかったです。

松尾　劇場でもよくご一緒させていただくし。

浜崎　キャリアも近いし、一緒に出た回数は凄く多いですから。

——それこそ漫才をやらなくなっていく芸人がたくさんいるなかで、ずっとやっている人たちですよね。

浜崎　やりたい、続けたいのに、お身体を壊されていて。

松尾　ほかの仕事を全部キャンセルしてまで、『THE SECOND』に賭けるっていう感じだったから。

浜崎　『THE SECOND』が終わったあと、漫才だけ休業されていますもんね。こんなし烈な闘いが待っているとは思いませんでした。

——今年はしっかりと優勝してこのレースから抜けて、また楽しく漫才するだけっていうのがいちばんの理想ですかね。

松尾　それがいいですけどね。

浜崎　って思ってたんですけど、これはファイナリストになれたからなんですけど、『『THE SECOND』、めちゃくちゃ楽しいな」って（笑）。

——これはこれで（笑）。

浜崎　そりゃ、ここまではめっちゃしんどかったんですよ。もの凄くしんどかったですけど、この1カ月ぐらいは幸福度が高すぎて、「どうしよう。優勝して出られなくなるのが少しさびしいな……」みたいな。

松尾　まだ何も成し遂げてないくせにね（笑）。

浜崎　こんなに芸人から「おもしろかったです！」「最高です！」「観てました！」って言われて、やっぱり芸人が芸人に褒められるよりも上の幸せって、たぶんないと思うんですよ。だからちょっと信じられないぐらいにいま幸せなんで、終わってほしくないですね（笑）。

松尾　終わってほしくないってことは、始まってほしくないしな。

浜崎　負けて来年も出るとかはしんどいだろうけど、それも楽しいんだろうなとか。だからいまはいい感じでプレッシャーがないんですよ。優勝しても、ベスト4でも、ベスト8でも、どっちみちこれから楽しいんだろうなって。こんなこと、始まった2月とかにはまったく思っていないですよ？　こんなおじさんたちだけのコンクールを2月という寒いときに始めるって（笑）。

松尾　身体が動かないときにね（笑）。

浜崎　寒さが身体にこたえるよって。だから春になったらラクになりましたからね（笑）。だからもう『THE SECOND』を作ってくれた人たちに感謝ですね。

――今年は期待しています。

浜崎　ありがとうございます！　あの渋谷公園通り劇場からチャンピオンが（笑）。

――そうですよ！　ピンはあべこうじさんがいますけど、漫才コンビで優勝したのはまだいないので、ぜひお願いします。ちなみにこの『KAMINOGE』でボクがインタビューさせてもらった芸人さんたちは、みなさん優勝しますから。

松尾　えっ!?

浜崎　えっ？　えっ？　ちなみに？

――お見送り芸人しんいちさん、ウエストランドさん。錦鯉さんは優勝後インタビューでしたけど、オファーしたのはM－1前でした。

浜崎　えーっ！　ちょっと、絶対にタイムマシーン3号のところには行かないでくださいね！（笑）。

――安心してください。今週末がファイナルですから行きません！（笑）。

松尾　じゃあ、優勝だ！　ありがとうございます！

浜崎　ありがとうございます！　やりました！

――おめでとうございます！　っていうシメ方でいいですかね？（笑）。

浜崎　やりました！

松尾　ちょっとすいません、「ありがとうございます」の予約だけさせていただきます（笑）。

大井洋一（おおい・よういち）
1977年8月4日生まれ、東京都世田谷区出身。放送作家。『はねるのトびら』『SMAP × SMAP』『リンカーン』『クイズ☆タレント名鑑』『やりすぎコージー』『笑っていいとも!』『水曜日のダウンタウン』などの構成に参加。作家を志望する前にプロキックボクサーとして活動していた経験を活かし、2012年5月13日、前田日明が主宰するアマチュア格闘技大会『THE OUTSIDER 第21戦』でMMAデビュー。2018年9月2日、『THE OUTSIDER第52戦』ではTHE OUTSIDER55-60kg級王者となる。

ザ・パンチ
吉本興業東京本社に所属する日本のお笑いコンビ。1998年結成、NSC東京校3期生。『M-1グランプリ2008』ファイナリスト。『THE SECOND〜漫才トーナメント〜2024』準優勝。

パンチ浜崎（ぱんち・はまさき＝写真・左）
1981年1月16日生まれ、東京都小平市出身。ザ・パンチのボケ担当。
趣味はラップ、飲酒、中国古代史。パンチパーマが特徴。

ノーパンチ松尾（のーぱんち・まつお＝写真・右）
1980年7月30日生まれ、東京都田無市（現西東京市）出身。ザ・パンチのツッコミ担当。
趣味はスポーツ観戦、ゲーム、サッカー。

坂本一弘

馬乗りゴリラビルジャーニー（仮）

第45回
『ミスターX』

構成：井上崇宏

（さかもと・かずひろ）
1969年3月4日生まれ、大阪府大阪市出身。
修斗プロデューサー／株式会社サステイン代表。

――坂本さん。誌面ではお名前は伏せますけど、最近、ボクはXさんと知り合って、仲良くさせてもらっているんですよ。

坂本　えっ、Xさんと？　懐かしい！　俺はしばらく会ってないですけど、お元気ですか？　ヘタしたら（佐藤）ルミナの引退式以来、会ってないかもしれない。

――とてもお元気です。Xさん、ボクに当時のレアな格闘技Tシャツを惜しげもなくバンバンくれるんですよ。

坂本　あっ、いいじゃないですか（笑）。

――Xさんも、修斗の歴史を語るうえで欠かせない重要人物ですよね。

坂本　まさにそうですね。Xさんはもともと渋谷にあったショップにいて、俺は（佐藤）ルミナから紹介してもらったんですよ。Xさん、デビロックの遠藤さん、COCOBATの坂本さん、BOUNTY HUNTERのHIKARUさんといった裏原系の方たちとは、おそらく最初はデザイナーで彫り師をやっているアキラさんとルミナが仲良くなって、アキラさんは人をつなげるのが上手だから、アキラさんの紹介から一気にその界隈の方たちとつながっていったんですよ。

――ボクもそのショップには当時行ってましたよ。

坂本　海外の凄くレアなものが置いてあるお店でしたよね。Xさんって、その頃から風貌とか髪型がまったく変わってないですよね？（笑）。

――いや、そうなんですよ。20代の頃に雑誌で見ていたルックスそのまんまなんですよ（笑）。

坂本　だから俺はショップ時代のXさんと知り合ったんですけど、そうしたら「ボク、ここを辞めようと思うんですよ」って言うから、「えっ、どうしたんですか？」って聞いたら、「いや、自分の作りたい物を作りたくて」って。それで本当に辞めて、それからいろんなものを作り出したんですよね。そこから本格的にXさんの勢いに拍車がかかるんですよ（笑）。修斗関連でも、いろいろ作っていただきましたからね。そういう企画をXさんは１９９８から2000年ぐらいの3年でしこたまやって、ローリングストーンのようにゴロゴロと転がっていって、あっという間に新しい格闘技のカルチャーを起こした。もう格闘技業界においては一大ムーブメントでしたよね。

――まさにです。

坂本　格闘技とリンクして、それまでになかったTシャツ、音楽とかカルチャーとかをあの人たちがどんどん作って、ストリート系の若者たちに食い込んでいった。俺らはホント、そこに乗っかっただけに近いというか（笑）。だから「まさか」でしたよ。それ以前の修斗のイメージからは考えられない画期的なことが起きたんですから。

――いや、当時は本当に「格闘技界にいきなり現れた、この人たちは何者だ？」って感じでしたよ。

坂本　そうですよね。一発で修斗のイメージが一変したんですよ。いま振り返ると、時間が経てば経つほど「あれはとんでもなかったよな」って思いますよね。あのときの中心人物のひとりがXさんだし、Xさんの人間性なくしてあのムーブメントはなかったと思います。だからアキラさんの人をつなげる能力とXさんの人間性ですよね。Xさんって物腰が柔らかいし、選手に対するリスペクトが本当に凄いから、雰囲気をよくさせてくれるというか、いつもニコニコ笑いながら「これがおもしろいと思うんですよねー」「今度はこんなのを考えててー」みたいな感じでしたよね。とにかくおもしろいことがやりたいっていう部分に関しては、俺は井上さんとも近いものがあると思うんですよ。

――いやいやいや！　ボクは顔じゃないですよ（笑）。

坂本　「あっ、いいじゃん、それ」ってなってからの行動力とか実行するスピードだったりとかは似ていますよ。実行力とスピード感があのムーブメントを生んだと思いますから。Xさんは本当に修斗のムーブメントを作った立役者のひとりですね。でも井上さんはどうしてここにきてXさんとつながったんですか？

――渡部謙吾さんの紹介だったんですよ。最初はコロナ禍ですかね、Ｚｏｏｍで「はじめまして」をして、3人でプロレス・格闘技談義をして、そこからＬＩＮＥのグループが作られてそこでもプロレス・格闘技談義をして。それで今年になって初めてお会いして、メシを食いながらまたプロレス・格闘技談義をして（笑）。

坂本　いやもう、話してる内容とかもだいたい想像がつく（笑）。

――Xさんはもう24時間体制で、ＹｏｕＴｕｂｅにあがっているレア動画のリンクをガンガン送ってくれますからね（笑）。

坂本　ちゃんと寝てんのかな、あの人（笑）。

――今度、坂本さんも一緒にメシ行きましょうよ。

坂本　えっ、行きたい！　絶対に行きますよ。いやあ、俺もXさんには会いたいですからね。やっぱり好きがあふれている人だから、会うとこっちも元気をもらえるんですよね。本当に好きなことを仕事にしている人はストレスがないんだろうなって思いますよね。会ったら聞きたいですよ、「Xさんってストレスがないんですか?」って。

――坂本さんは、いまの仕事は好きでやってるわけじゃないってことですか?

坂本　好きですよ!(笑)。

――なのに、なぜかストレスがけっこう溜まるっていう(笑)。

坂本　なぜかね(笑)。でもXさんたちって本当にいつもニコニコしてるんですよね。自分たちの仕事のなかに愛情というか、好きだからこそちゃんとしたものを作ろうっていう思いがあふれているからだと思うんですよね。「今度、こんなの作ろうよ!」っていうノリ自体は、もしかしたらその時点では軽い感じなのかもしれないんだけど、じゃあ、本当にやるんだったら本気で楽しもうよ、本気で遊ぼうよっていう大人たちでしたね。

――Xさんと会ってみて、ボクはちょっとショックを受けた部分もありますよ。ピュアすぎるなと思って。

坂本　そうですよね。わかる、わかる。でも本当に井上さんと似てるところがありますよ。近いものを感じる。

――いえ、ボクはピュアじゃないですから。もともとの性格も悪いですし。

坂本　ダークサイドなXさんみたいな感じか。

――面と向かって悪口はやめてくださいよ(笑)。

坂本　Xさん自身にダークサイドがあるのかどうかはわからないけど(笑)。でも井上さんも基本、好きなことだけやっていて、『KAMINOGE』以外の別の仕事も、たとえばHOLY SHITなんかのアパレルもやってるけど、たぶんちょっとした流れから始まったことですよね?

――それはそうですね。常に軽い気持ちしか持っていないです(笑)。

坂本　何かを始めるきっかけってそういうもんじゃないですか。「これ、おもしろいんじゃねえか?」っていうところから、あれよあれよという間に「やっぱおもしろいじゃん」っていう確信に変わる。自分がやることを決めるそこのセンスが凄くいいんだと思うんですよ。だから逆に、Xさんのほうが井上さんと話したくなるのも俺はわかるんですよ。俺だってこうして毎月会ってね、プロレスの話とか、格闘技業界の話とか、ゴシップを含めたレコーダーを回していない時間の会話だって合うし(笑)。たぶん、Xさんと井上さんはこれから長いお付き合いが始まると思いますよ。

――そうですかね。わりとTシャツをいただいてるんですけど、もっともらえますかね?

坂本　ちゃんと何かお返しをしたら、もらってもいいんじゃないかな。いや、俺もそうだけど、この歳になってくると、なかなか共通言語を持った人としゃべれる機会が少なくなってくるじゃないですか(笑)。

――非常によくわかります。いま、Xさんのまわりにもそんなにいない気がします

（笑）。

坂本　凄いのは、今日井上さんが「Xさん」って名前を出した瞬間にあの人の笑顔がパッと頭に浮かんだんですよ。「あー、坂本さん、調子はどうですかー？」って言ってる瞬間の笑顔が浮かぶんですよ。「あれ、ヤバいっすねー」って言ってるときとかの顔とかが（笑）。マジで次回はぜひ呼んでください。

――こちらこそ、ぜひです。

坂本　俺は思うんですけど、結局井上さんもプロレスが好きで、言ったらある意味、自分もプロレスをする仕事じゃないですか。実際にリングで裸になって闘うわけじゃないけど、そこは表現が違うだけで、物を書いたり、作ったりすることでプロレスを表現するというか。だって、プロレスが嫌いな人も世の中にはいっぱいいるじゃないですか。話してみて「コイツ、こんなヤツだったの？　わかってねえな」って思うこともたくさんあるじゃないですか。でも「それでも俺は好き」っていうところだと思うですよ。たとえば「あっ、プロレスってショーなんだ。じゃあ、もう俺は観ない」とかって言うヤツはそこで離れていっちゃうわけだけど、結局そんなもんっちゃそんなもんなんだし、そりゃショックだったのかもしれないけど、それを超えてでも「好き」かどうかだと思うんですよね。だから、なんでも悪い面ばっかり見ていたらやっぱりダメですよ。たぶんXさんって、逆にその対象のいい面だけを見てくれているんだと思うんですよね。

――悪いところが見えていないんですかね。

坂本　たとえ見えていても、自分のなかではそれは関係ないっていう感じじゃないかな。

――ポイしちゃってるんですね。

坂本　そうだと思います。俺もそうなんですけど、たとえば映画の評論とかをあまり読まないようにしているのは、映画って「自分が観てどうだったか？」っていうことだけでしかないじゃないですか？　自分で観て、いいか悪いかでしかないから「あそこの部分はこうだった」みたいな批判とかを読んだってしょうがない。何かを腐すのって簡単だし、ダメ出ししようと思ったら、いくらでもできるし、そんなのはラクなことですよ。自分は何もやらないくせに（笑）。でも「いい面を見てあげる」っていうことにおいてはXさんはファンの鑑のような人ですよね。

――Xさんを知らない人にとっては、なんのこっちゃという内容になってしまいましたけど、会うと本当に心が洗われる人です（笑）。

坂本　あー、俺も早く会って、心を洗いてー（笑）。

KAMINOGE COLUMN

TARZAN by TARZAN

ターザン バイ ターザン

はたして定義王・ターザン山本は、ターザン山本を定義することができるのか？「井上編集長、村松友視、古舘伊知郎が延命３兄弟で、彼らは外側からアントニオ猪木を延命させたんだけど、それを内側からやったのが前田日明ですよ！　前田がＵＷＦという活字プロレスをやればやるほど、猪木神話は保たれ続けたわけですよ！ やっぱり前田というのは非常に頭がいい男なんですよ‼」

絵　五木田智央　聞き手　井上崇宏

第五十五章

活字プロレス＝延命論

「前田がＵＷＦという活字プロレスをやればやるほど、猪木神話は保たれたわけですよ！」

――いつも世の中への鬱憤、怒りをひたすら垂れ流すだけの山本さんのＸでのツイートなんですけど（笑）。

山本　あんなの、見なくていいんですよ！

――でも最近の「そもそも活字プロレスは、アントニオ猪木を、プロレスを延命させるために考えられたものなのだ」というツイートにはかなりストンときましたよ。今日はそこを詳しく聞かせてもらえたらなと。

山本　はい、まかせてください！　あのね、いわゆる「活字プロレス」というものの元祖は『週刊ファイト』の井上義啓編集長でしょ。あの人はアントニオ猪木愛が無限大で、身勝手なまでに猪木を独り占めしようとしていたんよね。なぜそうなったかと言うと、あまりにも猪木への愛が強すぎたんだけど、当の猪木はすでに衰えつつあるという事実があったんよ。猪木がやっている対世間、社会に対する反発、要するに「プロレスは八百長だ」と差別されていることに対する抵抗に井上編集長は惚れたんだけど、その猪木自身が、なんとなく全盛期からやや下降していると。

――これはマズいと。

山本　そしてジャイアント馬場さんはもう下降しきっていたわけですよ。

――すでに着地（笑）。

山本　そこで井上編集長は、自分が猪木の闘魂というか、反抗精神をどうしても延命させたいという思いに駆られて活字プロレスを生み出したんですよ。

――活字で延命治療を施そうとした。

山本　そこには猪木個人だけでなく、猪木のプロレスを延命させることは、この世界のなかでも特殊で異質な日本のプロレスをも維持することにもつながるという理論も働いたわけですよ。

――要するに外部から付け足しや補完をしていくわけですね。

山本　そう。次々と屁理屈をこねて補完していくわけですよ。

――そうして「いつも猪木は正しい」と。

山本　その辻褄合わせを永遠にやり続けた人ですよ、井上編集長は！　そして井上編集長に続く形で、今度は村松友視さんが１９８０年に『私、プロレスの味方です』を書いたんだけど、あれも猪木延命論なわけですよ。やっぱり猪木はどう見ても下降していってるんだけど、馬場さんと比較すると猪木がいかに凄いかという相対的な視点と、対世間的な考えが凄いというこのふたつを言い続けたわけですよ。

――猪木を延命させようとしたとき、馬場さんの存在は都合がよかったでしょうね。

山本　そうそう。もう日本のプロレス界が頼れるのは猪木し

TARZAN by TARZAN

かいなかったんですよ。そして、じつは東京スポーツの櫻井康雄さんも「猪木しかプロレスを成り立たせることができない」と考えていた人なんよ。だから櫻井さんは櫻井さんで、東スポの紙面を使って猪木を延命させていたんですよ。猪木じゃないと新聞が売れないという理由もあったけども。さらにもうひとつ。いい？　今度は古舘伊知郎が実況という立場から猪木の延命をすることに加わったんよ。

——舌鋒鋭く。

山本　はっきり言って古舘アナの実況は、猪木延命策の決定打ですよ！　70年代前半の猪木は非常に凄かったけど、80年代になったら急に下降をし始めたわけ。それでもなお猪木幻想と新日本プロレス幻想、そして日本のプロレス幻想の3つが保たれ続けたのは、彼らがそれぞれのやり方で延命させていたからですよ。その猪木に反抗したレスラーが前田日明のUWFでしょ。じつはあれも猪木延命策のひとつなんですよ。

——なっ、なるほど！　猪木を否定することで、逆説的に猪木幻想を延命させたと。

山本　前田も猪木延命策に加担しているんですよ。猪木という偶像、スーパースターがいなかったら自分もスーパースターになれないということも前田はわかっていた。すなわちUWFとは猪木を延命させるために作られた。ここが重要なんですよ！　だから、やっぱり前田というのは非常に頭がいい男なんですよ。猪木を生かすしかない、猪木を生かしてこそ反・猪木の自分の立場があるということをいちばんわかっていた人間なんですよ。

——UWFもじつは自民党だった（笑）。

山本　自民党のなかの反主流派ですよ！　新自由クラブみたいなもんだったんよ！　UWFは猪木イズムを補完し、新日本のストロングスタイルを補完し、日本のプロレス界を補完していたんですよ！

——山本さん、ちょっと待ってください。UWFはシューティングプロレスじゃなくて、活字プロレスだったんですか（笑）。

山本　あれは完全な活字プロレスですよ！　その証拠に、いくら試合がつまらなくてもヤジを飛ばしてはいけなかった。つまらないことにも意味がある、価値があるという理論でさ。あれは活字プロレスそのものじゃないか！

——つまりプロレスはクソ真面目に観なければいけないものなんだという。

山本　だから井上編集長、村松友視、古舘伊知郎が延命3兄弟で、彼らは外側から猪木を延命させたんだけど、それを内側からやったのが前田日明。前田がUWFという活字プロレスをやればやるほど、猪木神話は保たれ続けたわけですよ。

「思考停止状態、不感症状態から次のステップに進もうとしたら、活字プロレスという踏み絵を踏まなければいけない」

——そんななか、文脈的にターザン山本のポジションというのはどこにあったんですか？

山本　えっ？　俺のポジション？　いやいや、俺自身は活字プロレスの申し子じゃないんですよ。

――えっ！

山本　俺は『週刊ファイト』で井上編集長の下で3年間働いていて、あの人と同じ空気と時間を共有したことで、井上編集長の意思を受け継いでやっていただけなんですよ。つまりそれは俺の本心じゃなく、井上編集長のメッセージを受け取っただけなんよ。「ボクができなかったことをキミが東京でやってくれ」というメッセージをね。

――どうか活字プロレスを中央に持っていってくれと。

山本　井上編集長は辺境の地である大阪を拠点にしていたので、やっぱりあらゆる意味で中心にはいなかった。マイナー的だった。でも自分の考えを、文明の中心地、文化の中心地、国の中心地である東京に持っていって、マス的に活字プロレスを展開、発展させてほしいという願いがあったんよ。だから活字プロレスとは俺のことですよ。

――どっちだよ（笑）。

山本　いや、俺は元祖じゃないんだけど、正統継承者なんですよ。活字プロレスのエッセンスを知ったがため、触れたがために、俺はすっかり洗脳されてしまったわけですよ。そして俺は洗脳されたまま、東京という大舞台に来たわけですよ。だから俺は余計に目立ったというわけなんよ。

――「活字プロレス」という言葉を編み出したのは井上編集長ですか？

山本　そうですよぉ。井上編集長は「俺がやってることは活字プロレスだから」ってはっきり言ったんよ。それはつまりレスラーファーストではなく、読者ファースト、ファンファーストだと。ファンや読者がプロレスについて何を思うか、何を感じるか、何を考えるかによってプロレスは進化していくものだよという考えがあったわけですよ。だから、こちらはあくまで観る側、語る側に立ってプロレスを展開していくことが、日本のプロレスを発展させる最大の方策だよと言ってたんですよ。最後はとうとう自分のことを「井上プロレス」って言い出したからね（笑）。

――日本のプロレスよりも、活字プロレスをさらに発展させにきた（笑）。

山本　「そこまでいくか!?」みたいなさ（笑）。でも井上編集長が「俺は井上プロレスだ」って言ったもんだからさ、俺は「活字プロレスとは山本プロレスでなければいけないんだ」ってことを俺なりに悟ったわけですよ。

――美しい師弟関係ですねえ。

山本　とにかく井上編集長は考え方が突出していたね。あんなさ、プロレスのことを「底が丸見えの底なし沼」なんて表現は誰にもできないよ。「プロレスは浅いもののようでいて、じつは違うんだよ」と思わせる、あのトリックは凄いよね。それは要するに「言葉が力である」ということがわかっていたわけじゃないですか。だからやっぱり井上編集長は、いろんな意味で先見の明があったんだよね。

——本当に偉大な方ですね。

山本　そして俺はいまの時代にこそ、その活字プロレスが必要だと思うわけ。なぜかと言うと、いまの時代は大きな特徴がふたつあるんですよ。まず、不感症時代。感覚とか感情というものが人々のなかでちょっと沈下してしまって、喜怒哀楽が表に出ない世界になっている。つまり不感症になっているわけですよ。昭和のように親に反抗する若者とか、ニューシネマの時代の怒れる若者とかはもういないわけ。あるいは「有名になってやる！」とか「金持ちになってやる！」、「いい女がほしい！」とか「いいクルマに乗りたい！」という野心が現代の若者にはないんですよ。

——まあ、一概には言えませんけど。

山本　もうひとつは、思考停止時代。人間は思考停止することによってラクになるというね。人って考えていくと鬱になるわけだから、思考停止は鬱病を阻止するためのツールみたいなものなんですよ。だから不感症と思考停止が自己を守る術みたいになっているわけですよ。

——たしかに。「おもしろくはないけど、事故りませんよ」っていう。

山本　「楽しくないけど、そのかわり困りませんよ、悩みませんよ」というね（笑）。この不感症と思考停止というふたつが現代の若者たちの空気感としてあるわけですよ。そこで活字プロレスの登場ですよ。「いや、それは違うよ。そんなのダメだよ。つまんないよ。おもしろくないよ」と。「自分の脳で考えて、自分で感じて、自分で発信して、その発信がバズろうがなにしようが関係ないんだよ」というのが活字プロレスじゃないですか。そういった意味で、みなさんが思考停止状態あるいは不感症状態から次のステップに進もうとしたら、活字プロレスという踏み絵を踏まなければいけない。

「競馬をやると脳がカーッと射精するんですよ。ピシャー、ピシャー、イクッ、イクッみたいな感じで」

——いま街でブチギレてる人をあまり見かけないですもんね。

山本　いない。家でちゃぶ台をひっくり返す人もいませんよ。

——まあ、ちゃぶ台もないし（笑）。

山本　ちゃぶ台もない。家族全員がそれぞれ自分の部屋にいるんだから必要がない。とにかく人間に喜怒哀楽がない。だからこそ、俺はいま凄くおもしろい時代に突入したなと思ってるね。これから先に何が起こるのか、何が始まるのかということを俺たちはじーっと見張っておかないといけない。

——という考えだと、山本さんには嫌悪する時代というものがない？

山本　ない。だって活字プロレスのいちばんの根拠は、現場主義なんですよ。現場に行って、何かを見て、時代を感じて、その感じたことをぶつけるのが活字プロレスだから。俺はずっと現場主義だからね。どんな時代だろうが、自分の足で向かった現場にはかならずおもしろい発見があるんですよ。

——たとえ、そこでつまらない現実を見つけても、なぜつまらないのかを考えてワクワクするわけですね。

山本　いや、あのね、逆に言ったら世の中の99パーセントはつまらないんだよ。本当は絶対的につまらないわけ。だけど、残りの1パーセントのなかにおもしろいことがあって、そのわずか1パーセントを99パーセントに逆転させるのが活字プロレスなんですよ！

——つまり逆ギレですね（笑）。

山本　逆ギレなんですよ。でも、いまの時代は「逆転」という発想が希薄だからね。あらゆることを非常に合理的に積み上げて計算して、まるでスポーツのように競技化された世の中で自分の地位を確保していってるわけじゃないですか。はっきり言って大谷翔平も藤井聡太もね、俺からすると左脳の人なんですよ。つまり理屈、理論、論理を駆使して、こうやればああなる、ああやればこうなるということを完璧にプログラミングして、それをパーフェクトに実行することできる飛び抜けた脳なんですよ。だから彼らは無敵なわけ。でも右脳というのは、根拠のない感情をベースにしているわけじゃないですか。だから俺はね、左脳で絶対的に出世する人がいる一方で、右脳で感情的に物事に当たって処理していく時代にもなると読んでる。

——どうしてですか？

山本　俺の右脳がそう感じたんですよ！

——山本さんは年金暮らしで生活費に困っているのに、なぜか有り金を全部競馬に突っ込んでスッたりするじゃないですか？　もしかして左脳がないんですか？

山本　俺はもの凄く、めちゃくちゃお金に困ってますよ。毎月、アパート代をどうやって払おうかと悩んでますよ。

——でも金が入ったら競馬に使うんですよね？

山本　あのね、競馬は2分間のレースでしょ。それを予想して、勝った負けたでしょ。とても興奮するんですよ。

——いや、それはわかるけども（笑）。

山本　そんな興奮がね、いまだにあるという、それはつまり青春なんですよ。「やられた！」「ふざけんな！」「バカヤロー！」「負けた！」という感覚になれるということは、生きている証拠なんですよ。

——競馬は、生きている実感を得るための装置だと。

山本　俺にとっては最大の装置なんですよ。その装置が俺の友達なんですよ。誰にも迷惑をかけてないんですよ。

——誰にも迷惑をかけて……ないですね。ボクはギャンブルをやらないのでわからないんですけど、どれくらいの興奮度を味わえるんですか？

山本　はっきり言っていい？　脳が射精するんですよ。

——脳イキですか（笑）。

山本　脳がカーッと射精するんです。だから1日36レース賭けたら、36回射精をするんですよ。ピシャー、ピシャー、イクッ、イクッみたいな感じで。

——気色悪い!!

TARZAN by TARZAN

山本　「勝ったー！」でイッて、「負けたー！」でもイクんですよ。そういう自分のなかにある感情でイクんですよ。

――じゃあ、週末が終わったらもうヘトヘトですか？

山本　日曜日の16時30分になったら、もうクタクタですよ。ボロボロ、空っぽ、絶望。でもまた次の週にはイキまくる。そしてまたクタクタになる。その繰り返しですよ。クタクタなのに競馬のない平日の5日間をどうやって埋めるかを考えることが、俺にとっては最大の苦痛なんよ。

――できることなら毎日イキたい。

山本　「月曜日をどうやってこなそうか」、「火曜日をどうやって終わらせようか」、「ああ、早く土曜日が来い！」という形で、このクソみたいな5日間と付き合って処理しなきゃいけないことが苦痛すぎるんよ！　先週の土日なんかさ、西荻窪でイベント（『ターザン山本展』）をやったじゃない。あのイベントは15時からだったので競馬を賭けられなかったんですよ。そうしたらもう頭がおかしくなって……。

――週末にイベントをやらなきゃいいのに（笑）。

山本　だから俺は翌日の月曜、地方競馬の川崎競馬の馬券を第1レースから最終レースの20時40分まで賭けまくってやったんよ。

「俺は左脳を完全に無視するんですよ。本物の博打打ちは右脳だけで勝負するんですよ。左脳放棄！」

――それはスマホでですか？

山本　違いますよ！　後楽園の場外に行って賭けるんですよ！

――すみません、現場主義でしたね。

山本　そこでついでに名古屋競馬の3レースも賭けてやりましたよ！　だから俺は月曜日に15レース賭けたんよ。

――そこで週末のイベントの収益的なものをスっちゃったわけですか？

山本　イベントの収益を含む、有り金を全部ぶち込んだよ！

――で、負けた？

山本　勝てるわけがないですよ！

――ちょっと待ってください。それもよくわかんないんだよな（笑）。「勝てるわけない」っていうのはなんですか？

山本　あのね、競馬は勝ったらつまんないんですよ。おもしろくないの。

――でも、たまに勝ちますよね？

山本　たまに勝ったら、勝ってる自分に対して腹が立つんよ。

――なんなんですか、それは。「俺って、ちゃんと予想して勝って、真面目だなー」って思っちゃうんですか？

山本　勝ったら、もの凄く自分が平凡な人間に感じちゃうんですよ。つまらない人間も思えてくるわけですよ。俺は負けた挫折感、消耗感、絶望感がとてつもなく好きなんだよぉ。もうMの典型なんだよぉ。

――負けて脳が射精するって言うんだから、そうなんでしょうね。これは本当に野暮なことをお聞きしますけど、これまで総額でいくらぐらい競馬に突っ込みましたか？

山本　たとえば1週間で20万負けたら、1カ月で80万よね。

――年間で960万ですね。ほぼ1000万。

山本　それを30代の頃からやってるわけじゃないですか。50年間。

――山本さん、1000万×50年って5億ですよ!?（笑）。

山本　えっ、5000万じゃなく!?　で、でも、そういうことを気にしたら競馬はできない。あのね、俺の友達で競馬をやるときに賭けた金とか負けた金を毎回メモするヤツがいるんですよ。それで「年間でこれだけ勝ちました」って記録をつけてる人がいるんですよ。そういう人はなぜか勝つんですよ。

――その人は、やや左脳を使って競馬をやっていますね。

山本　そうそう。

――山本さんには左脳がないんじゃないですか？

山本　俺は左脳を無視してるんですよ！　俺は自分でも物事を論理的に考えなきゃいけないっていうのがあるから、左脳があるにはあるんですよ。だけど俺はその左脳を完全に無視するんですよ。左脳放棄！　本物の博打打ちは右脳だけで勝負するんですよ。右脳っていうのは破綻するんですよ。そして左脳っていうのは破綻しないんですよ。でも破綻しない世界なんて意味がないじゃないですか!!

――やっぱり破滅願望ってあります？

山本　500パーセントある！　自分自身と無理心中なんですよ。俺は、俺自身と無理心中だぜ。

――なんで、いま気取ったんですか!?（笑）。でも破滅型人間のほうがいつまでも元気だったりしますよね？

山本　それはある！　俺の場合は競馬をやることによって、週に2日も自分の感情、感性を大爆発させてるわけですよ。そのときの快感というか、快楽というのはもの凄いわけじゃないですか。だから俺は常にエネルギーがみなぎっているわけですよ。全身が活性化するわけですよ。だから俺のなかにガン細胞が入ってくる余地なんてないわけですよ。競馬こそが俺自身の延命策だぜ。

ターザン山本！（たーざん・やまもと）1946年4月26日生まれ、山口県岩国市出身。ライター。元『週刊プロレス』編集長。立命館大学を中退後、映写技師を経て新大阪新聞社に入社して『週刊ファイト』で記者を務める。その後、ベースボール・マガジン社に移籍。1987年に『週刊プロレス』の編集長に就任し、"活字プロレス""密航"などの流行語を生み、週プロを公称40万部という怪物メディアへと成長させた。

「初代タイガーマスクをリアルタイムで観た」マウントと、「正直デビュー戦は見逃した」はよくある話。

リアタイ
エグいっすね
うん
まあねー
第115話
財布のひもが硬い男
ガラッ
おっす
伊藤昨日見た?
タイガーマスク
仮面サンクス
吉泉知彦
再放送?
ちがうよ新日に出たんだよ
ダイナマイト・キッドとシングル
すっごかったんだ
こんなキック

ぐっ
いくぞ
ぴょん
くるっ
ドス
ぐえ
何すんだよ
ごめんごめん
……
そういうわけで
デビュー戦見てないんだよ
リアタイなのに
えー
……
次の週からは全部見た
キッドも小林邦昭も
ブレット・ハートブラックタイガー

ちょっと待って下さい
ほら
新日本プロレスワールドで
タイガーマスク VS ダイナマイト・キッド
WFFビッグ・ファイト・シリーズ 第2弾(1981)
タイガーのデビュー戦ありますよ
えっこれ見れんの!
サブスクで月額1298円です
金掛かんのか
そんなに心残りなら安いもんじゃないですか
うーん
ちょっと考えてからにする

KENICHI ITO

涙枯れるまで泣くほうがEマイナー

VOL.42

UWF調査団

伊藤健一

（いとう・けんいち）
1975年11月9日生まれ、東京都港区出身。格闘家、さらに企業家としての顔を持つため“闘うIT社長”と呼ばれている。ターザン山本！信奉者であり、UWF研究家でもある。

前号で髙田延彦とのエピソードを少し書いたら、反響が凄かったので、また読者のみなさまを喜ばせたいのと、私の人生にとっても大きな出来事だから、忘れてしまわないように、今号は髙田とのエピソードを書こうと思う。

私は数年間、髙田に柔術を教えていたのだが、それについては書籍化が待たれている名作『夢のUWF新弟子体験記』（『KAMINOGE』122〜124号に掲載）を読んでいただきたい。

その数年のあいだで、私は髙田と多いときは週4回くらい練習していたので、〝UWF調査団〟としていろいろと聞き出すことに成功している、私は小学生のときから髙田ファンではあるが、『紙のプロレス』なども小さい判型の時代から読んでいたので、髙田のことを聖人君子としては見ていない。そして私は学生時代から格闘技経験があり、20代中盤から社長業もやっているので、巧みな話術と交渉のテクニックを持っている。すなわち調査能力に長けており、髙田もいちばんタチの悪い人間に格闘技を教わっていたと言える……。

もちろん、私がこっそり調査していたのは、新日・UWFまわりの人間関係だ。

アントニオ猪木とカール・ゴッチのふたりに関しては、髙田は超リスペクトしていた。猪木の身体の強さを語ることが多く、東スポの記事作りのために、冬の北海道の海を飛び込んだりしたこととか、呆れながらも楽しそうに話してくれたのが印象的だった。たしかに猪木は最後の数年こそ、病で衰弱していたが、その前は70を過ぎても人前に出て、新日に怒りをぶつけたりしていた。自分が70を過ぎたときのことを考えると、あんなに怒ったりはできないだろう。髙田の言うとおり、身体が強くて元気。

ゴッチに関しては、その強さと、自身の最初の格闘技の先生という意味で尊敬しており、ゴッチも当時すでにリタイヤしていたと思うが、コンディション抜群の五輪レスラーなので、10代だった髙田にとっては怪物のように感じたと思う。北沢幹之さんがゴッチから極められなかったという話もあるので、ゴッチの関節技って少し怪しいなと思っているが、「ゴッチさんは極めが強い」と髙田はキッパリと断言していた。

　そして、いちばん気になる前田日明のこと。いまではインタビューなどを読むと「Mさん」とイニシャルで呼んだりしているが、私の前では普通に「前田さん」と呼んでいた。特に印象的なエピソードを教えてもらった記憶はないが、べつに人に話すことでもない、普通にプライベートで遊んでいたときの話とかだったと思う。前田にとって髙田はいつまでも弟分かもしれないが、髙田にも築き上げてきたものがあるし、タレント活動をしているので、いまや世間の知名度では髙田のほうが上かもしれない。前田がそこを考慮して、髙田と向き合うことができれば、みんなが待ち望んでる復縁もありえると思う。まあ単に、女性関係で揉めたとかの可能性もあるが……（笑）。

　同じく不仲が噂されている藤原喜明に関しては、「いつも前座でイライラしている組長に、スパーリングでよく本気で極められたなー」と苦笑しながら話してくれた。先生というよりも、我々で言うところのタチの悪い職場の上司的な感じだろうか。若くしてスターになった髙田なので、意外と藤原教室門下生の時期は短いのかもしれない。当時の組長はボディビルもやって身体もできていたし、全盛期だと思うので、若手では相手にならなかったと思う。

　Uの後輩、田村潔司と桜庭和志については、ふたりとも格闘技の実績は群を抜いているので、普通に尊敬していた。田村のことは「昔はムカついてたけど、いまはいちばんかわいい後輩」と言っていたので、「あんとき（１９９５年）、やっぱりムカついてたのかよ！」と心のなかでツッコんでしまった。私が当時、完全に田村支持にまわっていたことも絶対に口には出さなかった。桜庭に関しては「サクの腕力は強い」とか、格闘技の能力に関していつも大絶賛していた。ふたりの関係は別冊宝島レベルでは知っているが、雇用者と従業員の関係でもあるし、髙田という存在がいなければ、桜庭もＰＲＩＤＥに出ていなかったとも言えるので、どちらが正しいとか、間違っているとかではないと思う。

　現在はもうレッスンはおこなっていないので、ここ数年髙田とはお会いしていないが、お互いにスポーツが大好きなので、大谷翔平が活躍するとたまにＬＩＮＥが来たりする。

　そして、いつも最後に「今度、メシ行こう」と言ってくれるのだが、結局何年も行っていないので、それも髙田っぽいなと思いつつ、私としては小学生からの憧れの人と連絡を取り合っているだけで、とても幸せなのである。タハハ。

マッスル坂井と真夜中のテレフォンで。

5/12

MUSCLE SAKAI DEEPNIGHT TELEPHONE

「愛媛で『夏井いつきの一句一流』っていう人気ラジオ番組があるんですけど、そこに誰かが勝手に俺の名前を騙って俳句を投稿して夏井いつき先生をブチギレさせてしまったんですよ！俺はもう聴いてて動悸が止まんなかった。自分が怒られてるような気分になっちゃって、そうしたら俺もめっちゃ腹が立ってきて!!」

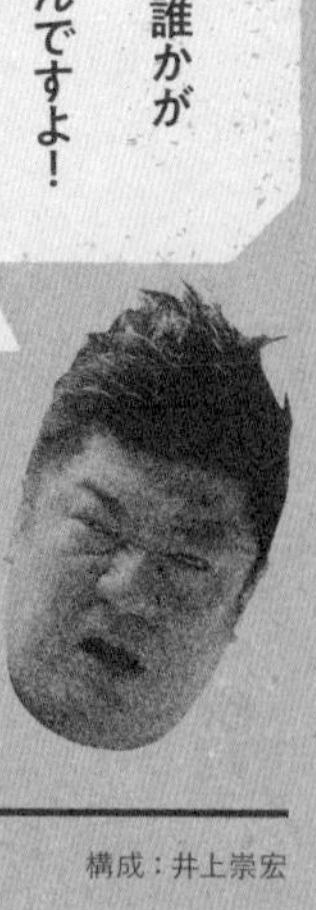

「これ、『真夜中のテレフォンで』なのに真夜中じゃなくてもいいの……？」

——おといの夕方ですかね、「今晩、収録どうですか？」ってLINEをしたら、「いやいや、今日から3日間連続で夜は飲み会なんですよ。だから来週以降にしてください」と言って、断りましたよね？

坂井　きっぱりとお断りしましたね。でも3日目となる今日は、最初から飲み会なんて予定は入ってなかったです（笑）。

——正直、断られた瞬間に「飲み会は夜なんだから、べつにどっかの午前中とかでもいいのに」って思ってしまったですが。

坂井　えっ⁉　だってこれ、『真夜中のテレフォンで』っていう……。なのに真夜中じゃなくてもいいの？

——厳しいですね。でもいま19時前じゃないですか。さっき「いまからいけますよ～」って電話をくれたじゃないですか（笑）。

坂井　はい。「真夜中じゃねえじゃん」って言いたいんでしょ？　でもね、私は今日は夜中の3時半起きだったの。

——つまり、体内時計だといまは真夜中……。

坂井　そう。それで朝6時の新幹線で東京を経由して、いま静岡に来ています。

——えっ、なんで静岡に？

坂井　『静岡ホビーショー』っていう、プラモデルとか鉄道模型のイベントがに来てるんですけど、ここにいま日本が世界に誇る模型ブランドが一堂に会しているんですよ。言ってしまえば、ホビー版レッスルマニアです。

構成：井上崇宏

——あっ、そこに坂井精機で作ったスーパー・ササダンゴ・マシンのプラモデルを売りに？

坂井　そう！　そのプラモと、ササダンゴ・マシンの緑色の専用塗料をガイアノーツっていう有名なプラモデルの塗料メーカーが作ってくれたので、それを売ってました。めっちゃ楽しいっすよ。東京はこんな楽しい週末ではなかったでしょ？

——フフフ……。坂井さん、俺は今日、中川画伯に会いましたよ。

坂井　えっ！　昔の紙プロ読者なら誰でも知ってる、あのイラストレーターの中川画伯？

——そう。この週末、高円寺で絵画展をやっていて、さっき15年以上ぶりに会いに行ってきましたよ。もちろん、似顔絵も描いてもらって。

坂井　はあー。いいなー。

——それで「中川くん、最近プロレス観てる？」って聞いたら、「ああ、テレビでだけ。スマホを持ってないんで」と。

坂井　『ワールドプロレスリング』を観ていらっしゃるんだね。

——「でも中川くん。ＡＢＥＭＡはパソコンでも観られるよ」って言ったら、「えっ？」って言ってた（笑）。

坂井　たしかにスマホがないと知りえないことかもしれない（笑）。

——で、坂井さんはいまもそのホビーショーの会場にいるの？

坂井　いや、いまは静岡のアパホテルですよ。

——あっ、もうイベントは終えられて。いまXで「スーパー・ササダンゴ・マシン」で検索したら、2分前のツイートにスーパー・ササダンゴ・マシンとダブルピースしてる画像があがってる。

坂井　あっ、本日のホビーショーにお越しになったお客様と俺のツーショットが？

——はい。「無事にササダンゴさんのプラモデルが買えて大満足！　お話もできてとても貴重な経験でした。日曜日のＤＤＴ大会も頑張ってください！」と。

坂井　おー。あの中学生のコかな？

——そして4時間前のツイートです。ブースに立っているササダンゴの画像とともに「スーパー・ササダンゴ・マシン本人かと思っちゃう方の接客」（笑）。

坂井　アッハッハッハ！　それ、俺！　ご本人様！（笑）。いや、そういえば聞いてくださいよ。『プレバト!!』っていう浜田雅功さんがやってる番組、知ってます？

——知ってますよ。

坂井　あの番組に俳句のコーナーがあって、芸能人が詠んだ俳句を、辛口審査員の夏井いつき先生がいつも寸評なさっているじゃないですか。あの夏井先生って凄い方で、愛媛県在住なんですよね。それで地元の愛媛で『夏井いつきの一句一流』っていうラジオ番組を、月〜金のあいだ毎日10分間やってるんですよ。そのラジオ番組に毎週何千通っていう俳句の投稿があるんですって。番組は10分しかないわけですからめちゃくちゃな倍率ですよね。で、その番組は新潟でもお昼に流れているのでこのあいだも聴いていたら、夏井先生がね、「はい、新潟県からの参加。スーパー・ササダンゴ・マシン。長い名前だね〜」って言ったんですよ。俺は投稿してないのに！（笑）。新潟在住の誰かが勝手にスーパー・ササダンゴ・マシンを騙って送ったんですよ。

——ペンネームとして。

坂井　スーパー・ササダンゴ・マシンの名を騙って、夏井いつき先生のラジオに俳句を送ってたもんだから、聴いてて俺がなんかドキドキしちゃって。「誰が送ったんだろう？　俳句が先生に怒られないといいなー」とか思ってたら、名前の時点で怒られてて（笑）。

――名前が長いわよと（笑）。

坂井　5・7・5でやられている人からしたら、名前で12文字も使ってるヤツってのはもう愚の骨頂なんでしょうね（笑）。それでその日のテーマは『夏の鴨』だったんですよ。それでニセモノのササダンゴは「網を引いて狩りまくる」みたいな句を送ってて、それを夏井先生が「俳句以前の問題。夏に鴨を狩ったらあかんやろ！」ってブチギレまして。

――アハハハハ！

坂井　「動物愛護団体に目ぇつけられるで、キミ」って。俺はもうクルマで聴いてて、動悸が止まんなかったですよ（笑）。名前の長さで1回ブチギレられて、俳句以前に「夏の鴨を狩るとはどういうことやねん！」ってさらにキレられて。「なんちゅうやっちゃ、キミは！　あかん、あかん！」みたいな、もう俺が怒られてるような気分になっちゃって、そうしたら俺もめっちゃ腹が立ってきて（笑）。

――「俺の名前でしくじりやがって！」と（笑）。

坂井　だから後日、俺は自分のラジオの生放送で「私の名前で送ってくださった方、凄くお礼が言いたいので名乗り出てください」って言ったら、やっぱり罪の意識があったんでしょうね、まったく誰からもレスポンスがなかったです（笑）。

「全然話は変わるんですけど、宮本和志さんはこの件について立ち上がっていないんですか？」

――めっちゃおもしろい話。ブチギレたといえば、『キン肉マン』のゆでたまご嶋田先生が、昔、全日本プロレス25周年記念タオル用のイラストを発注されて描いたら、馬場元子さんが「こういうのただで描きたい人、何人もいるのよ」と言って、結局ノーギャラだったってことをツイートしてて。

坂井　えっ!?　それ、知らない！　馬場元子さんって怖い方だったんですね。

――そうしたら、そのツイートに呼応する形で、生前の元子さんを知るプロレス関係者の人が、元子さんの人柄を擁護するツイートをしたんですけど、その最後に「同じ土俵に立ってから言え」的なことを書いてまして。

坂井　えっ!?　そんなことになってるんですか!?

――そうなんですよ。

坂井　その「同じ土俵」っていうのはどういう意味なんですか？　ちょっとマジでわかんないんですけど、誰の土俵なんですか？　それでそのツイート、〝相撲たとえ警察〟みたいな人に捕まったりはしていないんですか？　大丈夫なんですか？

――相撲たとえ警察!!（笑）。いや、べつに相撲を揶揄しているわけじゃないから大丈夫でしょう。

坂井　でも、なんかちょっと相撲を下げてるというか……。

――下がってない、下がってない（笑）。

坂井　あっ、それならよかった。相撲ファンが読んだらどういう受け取り方をするのか俺にはわからないので、それに気分を害する相撲ファンの方とかもいらっしゃるんじゃないかなと思ってしまいました。

――でも、わからないですよね。いきなり日本相撲協会が正式に抗議するかもしれない。

坂井　そうですよ。「安易に相撲でたとえるな」ってね。土俵は命を懸けて闘う場所であり、一般人の方が簡単に立ち入れるところではないっていう。

――まさに「同じ土俵に立つな」という。

坂井　でも、そもそもはそれ、完全な搾取の話ですよね？　人柄がどうとかは関係ないじゃないですか。それとも「ヨカタは黙ってタダで描いておけ」ってことなんですか？

——いや、それが全日本グッズの選手のイラストって、いつも木原リングアナが描いてたんですよ。だから今回、嶋田先生が「前年まではリングアナの木原の素人が描いたようポンチ絵だったのに、ゆでたまごが描いたらこんなに違う」ってツイートをして、木原さんに流れ弾が飛んじゃって（笑）。

坂井　そこで木原さんも下げられちゃったんですね（笑）。

——それで「これ、木原さんはどう出るんだ？」って数日ドキドキしてたんですけど、今日ついに木原さんが立ち上がって、「先生、YouTubeに出てください」って出演依頼ツイートを投下！（笑）。

坂井　ワハハハハ！　いちばんおもろいなあ！

——「さすがだなー！」って。

坂井　いや、全然話は変わるんですけど、宮本和志さんはこの件について立ち上がっていないんですか？

——ちょっとごめんなさい、その質問の意図がわかんないです。どういう意味ですか？

坂井　宮本和志さんを知らないんですか？

——知ってるよ！　なんなら、わりと近所に住んでいらっしゃいますよ（笑）。

坂井　公には誰もコメントしていないですけど、宮本和志さんのYouTubeチャンネルもちょいちょいね、ざわざわさせていまして。

——へえー。ちょっと検索してみますね。あっ、宮本さんの3時間前のツイートです。「なにか最近SNSで見るに耐えないような馬場元子さんの悪口がいろいろ出回っているので、近々kazushi's channelにて動画でまとめようと思います」と。

坂井　来た！

——「紛れもなく元子さんは私の大恩人で育ての親ですので」とのことです。

坂井　ヤバい。やっぱ決起してる……。

——でも、どうなんですか？　私には判断がつかないんですけど、その事実自体は絶対に元子さんがよくないじゃないですか？　でも「それが事実であれ、故人についてなぜいま言わなきゃいけないんだ」っていう声もあって。

坂井　でも嶋田先生はプロとしての尊厳を傷つけられたわけですよね。そこを無視するわけにはいかないじゃないですか。

——そうだし、どんな業界であろうが、今後、同じようなことが起こらないようにする抑止にはなってるよなって。

坂井　そうですよ。そういう悪しき慣習みたいなものに対しては声をあげていかないと。えっ、っていうかこれ、我々も安易にこの話題に触れちゃダメだってことあるんですかね？

——えっ、マズいのかな？　マズかったら全然違う話題にしてもいいですけど。

坂井　えっ、なんでダメなんですか？

——あっ、べつにいいの？

坂井　私はべつになんの問題もないですよ。

——いや、気になるなら全然ナシでいいですよ。

坂井　いや、載せましょう。さっきの〝相撲たとえ警察〟にちょっと、我ながらかなり手応えがあったんで（笑）。そこだけでも載せてください。

KAMINOGE COLUMN

Nº150 KAMINOGE

次号 KAMINOGE151 は
2024 年 7 月 5 日（金）発売予定!

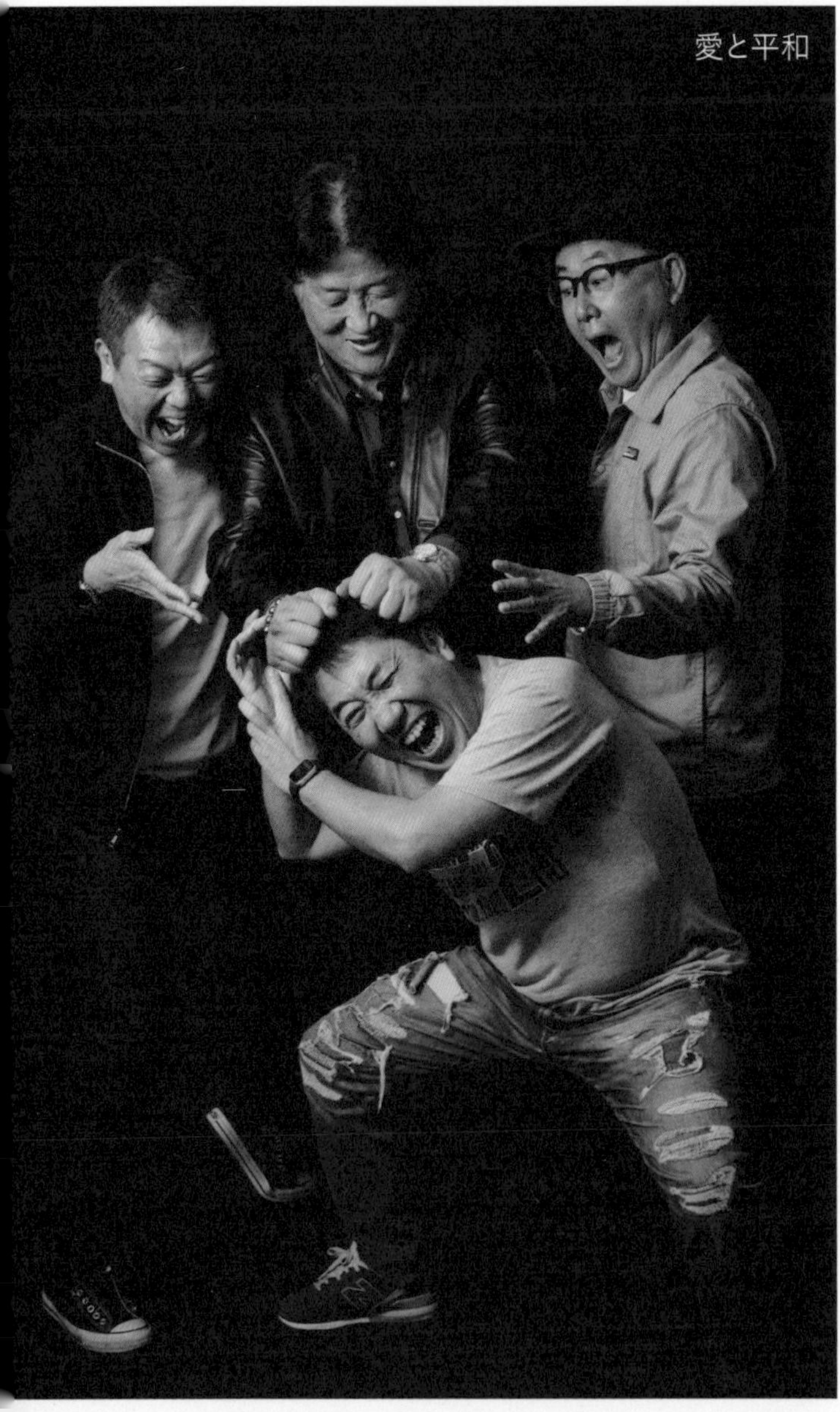

2024 年 6 月 12 日
初版第 1 刷発行

発行人
後尾和男

制作
玄文社

編集
有限会社ペールワンズ
(『KAMINOGE』編集部)
〒 154-0011
東京都世田谷区上馬 1-33-3
KAMIUMA PLACE 106

WRITE AND WRITE
井上崇宏
堀江ガンツ

編集協力
佐藤篤
小松伸太郎
村上陽子

デザイン
高梨仁史

表紙デザイン
井口弘史

カメラマン
タイコウクニヨシ

編者
KAMINOGE 編集部

発行所
玄文社
[本社]
〒 107-0052
東京都港区高輪 4-8-11-306
[事業所]
東京都新宿区水道町 2-15
新灯ビル
TEL:03-5206-4010
FAX:03-5206-4011

印刷・製本
新灯印刷株式会社

本文用紙：OK アドニスラフ　W A/T 46.5kg